W.-D. Jägel
GRUNDLAGEN DEUTSCH

Herausgegeben von Johannes Diekhans
Erarbeitet von Johannes Diekhans und Michael Fuchs

Grammatik üben

7. Schuljahr

© 2003 Schöningh Verlag im Westermann Schulbuchverlag GmbH, Braunschweig

© ab 2004 Bildungshaus Schulbuchverlage Westermann Schroedel Diesterweg Schöningh Winklers GmbH,
Georg-Westermann-Allee 66, 38104 Braunschweig
www.westermann.de

Das Werk und seine Teile sind urheberrechtlich geschützt. Jede Nutzung in anderen als den gesetzlich bzw.
vertraglich zugestandenen Fällen bedarf der vorherigen schriftlichen Einwilligung des Verlages. Wir behalten uns
die Nutzung unserer Inhalte für Text und Data Mining im Sinne des UrhG ausdrücklich vor.
Nähere Informationen zur vertraglich gestatteten Anzahl von Kopien finden Sie auf www.schulbuchkopie.de.

Für Verweise (Links) auf Internet-Adressen gilt folgender Haftungshinweis:
Trotz sorgfältiger inhaltlicher Kontrolle wird die Haftung für die Inhalte der
externen Seiten ausgeschlossen. Für den Inhalt dieser externen Seiten sind
ausschließlich deren Betreiber verantwortlich. Sollten Sie daher auf kostenpflichtige,
illegale oder anstößige Inhalte treffen, so bedauern wir dies ausdrücklich und bitten
Sie, uns umgehend per E-Mail davon in Kenntnis zu setzen, damit beim Nachdruck
der Verweis gelöscht wird.

Druck A^{10} / Jahr 2024
Alle Drucke der Serie A sind im Unterricht parallel verwendbar.

Illustrationen: Matthias Berghahn
Umschlaggestaltung: INNOVA, Borchen
Druck und Bindung: Westermann Druck GmbH, Georg-Westermann-Allee 66, 38104 Braunschweig

ISBN 978-3-14-**025192**-1

Inhaltsverzeichnis

Vorwort 6

Wortarten 7

Das Nomen 7

Das Adjektiv 10

Die Präposition 12

Das Adverb 13

Das Pronomen 14

    Das Demonstrativpronomen   15

    Das Indefinitpronomen   16

    Das Reflexivpronomen   17

Das Verb 19

    Die Partizipien   20

    Die Zeitformen des Verbs   22

    Aktiv oder Passiv? Die Handlungsart (Genus verbi)   24

    Das Aktiv   25

    Das Passiv   26

        Die Bildung des Vorgangspassivs   **27**

        Die Bildung des Zustandspassivs   **36**

        Das täterlose Passiv   **37**

Wirklich? Möglich? Erwünscht? Der Modus der Verben 41

Der Indikativ: die Wirklichkeitsform 41
Der Konjunktiv II als Ausdruck der Nicht-Wirklichkeit 43
Der Konjunktiv in der indirekten Rede 50
Direkte Rede – Indirekte Rede 50
Die Bildung des Konjunktivs I 54
Die Zeitformen des Konjunktivs I 62
Die Bildung des Konjunktivs I der Vorzeitigkeit 63
Die Bildung des Konjunktivs I der Nachzeitigkeit 66

Überblick über die Leistungen der finiten Verbform 67

Übungen für alle Gelegenheiten – Wortarten 68

Wortarten erkennen 68

Tempusformen erkennen 71

Passivsätze erkennen 72

Vom Aktiv ins Passiv und umgekehrt 74

Indirekte Rede in direkte Rede umwandeln 76

Wörtliche Rede in indirekte Rede umformulieren 77

Texte in indirekte Rede umformulieren 78

Der Konjunktiv II 81

Der Satz und seine Glieder 83

Satzglieder und Satzgliedteile 83

Subjekt und Prädikat 83

Die Objekte 88

Die adverbialen Bestimmungen 92

Die Attribute 95

Satzreihe und Satzgefüge 99

Die Satzreihe 99

Das Satzgefüge 101
Was ist ein Satzgefüge? 101
Die Stellung der Nebensätze/Gliedsätze zum Hauptsatz 102
Komplexe Satzgefüge 103

Die unterschiedlichen Nebensätze/Gliedsätze **106**

Die Adverbialsätze **107**
    Der Temporalsatz (Adverbialsatz der Zeit) **111**
    Der Kausalsatz (Adverbialsatz des Grundes) **113**
    Der Konditionalsatz (Adverbialsatz der Bedingung) **115**
    Der Konsekutivsatz (Adverbialsatz der Folge) **117**
    Der Finalsatz (Adverbialsatz des Zweckes) **120**
    Der Konzessivsatz (Adverbialsatz der Einräumung oder Einschränkung) **122**
    Der Modalsatz (Adverbialsatz der Art und Weise) **124**
    Der Komparativsatz (Adverbialsatz des Vergleichs) **126**
    Der Adversativsatz (Adverbialsatz des Gegenteils) **129**
    Der Lokalsatz (Adverbialsatz des Ortes) **131**

Die Adverbialsätze im Überblick **134**

Adverbialsätze: Übungen **135**

Der Subjektsatz **140**

Der Objektsatz **143**

Der Relativsatz oder Attributsatz **148**

Übungen für alle Gelegenheiten – Satzlehre 155

Satzglieder erkennen und bestimmen **155**

Mit Gliedsätzen arbeiten **160**

Grammatische Begriffe im Vergleich 167

Bild- und Textquellenverzeichnis 169

Sachregister 171

Lösungen

Vorwort

Der folgende Band enthält Übungen zu allen in der Klasse 7 behandelten grammatischen Themen. Er knüpft an den Band *„Grammatik üben 6"* an. Besonderer Wert wird auch in diesem Buch auf eine sehr *systematische* Erarbeitung der für die Jahrgangsstufe 7 relevanten grammatischen Phänomene gelegt. Im Mittelpunkt stehen dabei vor allem das Verb und seine Formen und die unterschiedlichen Gliedsätze. Darüber hinaus werden Themen aus den vorausgehenden Jahrgangsstufen wiederholt. Vorangestellt sind jeweils einige zusammenfassende Regeln, die das grammatische Phänomen umreißen.

Die zahlreichen Übungen sind so angelegt, dass sie zunächst das Thema isoliert behandeln, gleichzeitig jedoch auch deutlich die Bereiche der Rechtschreibung, Zeichensetzung und des Aufsatzunterrichts berücksichtigen. In diesem Sinne erfolgt eine Verknüpfung der Aufgabenbereiche des Deutschunterrichts. An die systematische Erarbeitung schließen sich eine Reihe zusätzlicher „Übungen für alle Gelegenheiten", ein Vergleich grammatischer Begriffe in unterschiedlichen Sprachen und ein Lösungsheft an, mit dem eine Selbstkontrolle der Schülerinnen und Schüler problemlos möglich ist.

„Grammatik üben 7" kann somit wie die vorausgehenden Bände als ein den Sprachunterricht begleitendes Unterrichtsmaterial eingesetzt werden und dient leistungsschwächeren Schülerinnen und Schülern als echte Lernhilfe.

Wortarten

Das Nomen

Nomen bezeichnen z.B. Gegenstände, Lebewesen, Pflanzen, Tiere und Gefühle. Ein anderes Wort für Nomen ist Substantiv.

Nomen sind grammatisch bestimmt durch
- den Numerus (Singular und Plural)
  das Haus – die Häuser
- das Genus (Maskulinum, Femininum, Neutrum)
  der Ball, die Trompete, das Auto
- den Kasus (grammatischer Fall)
  Nominativ (1. Fall: Wer oder was?)
  Genitiv (2. Fall: Wessen?)
  Dativ (3. Fall: Wem?)
  Akkusativ (4. Fall: Wen oder was?)

Nomen erkennst du daran, dass sie einen Begleiter haben können (z.B. Artikel und Adjektiv):
der bunte Ball

Oft kann man sie an den Endungen erkennen (-heit, -keit, -nis, -tum, -ung):
Krankheit, Heiterkeit, Finsternis, Altertum, Vergebung

Auch aus Verben und Adjektiven können Nomen entstehen. Man spricht dann von Nominalisierung:
das Laufen, das Böse

Nomen werden immer großgeschrieben.

1 Unterstreiche in dem folgenden Text alle Nomen und, falls vorhanden, ihre Begleiter.

Sehr unbequem

Bei den frühen Fotografen mussten die Modelle minutenlang regungslos sitzen, bis das Filmmaterial jener Zeit belichtet war. Wenn man sich bewegte oder einer anderen Person zuzwinkerte, wurde das Bild unscharf – daher kommen die starren Posen. Besonders unangenehm war die Sache für die Kinder. Sie

Wortarten

konnten nicht gut so lange still sitzen und der Fotograf musste den Versuch häufig wiederholen.

2 Schreibe die Nomen mit den Begleitern heraus und bestimme sie wie in dem Beispiel nach Numerus, Genus und Kasus.

den frühen Fotografen – Plural, Maskulinum, Dativ

3 Bilde aus den folgenden Wörtern und Endungen Nomen und schreibe sie mit dem bestimmten Artikel auf.

Wörter	Endungen
finster, heiter, krank, reich, traurig, schön, Kind, tapfer, faulen, vergeben, verzeihen, Fürsten, klug, schlau, weise, entschuldigen, umleiten, erlauben	-heit -keit -nis -tum -ung

Das Nomen

4 Im folgenden Text sind alle Nomen kleingeschrieben. Streiche sie durch und schreibe sie richtig darüber.

Kuriose schulregeln

Das herunterrutschen auf den treppengeländern ist ausdrücklich erwünscht, um die treppenstufen zu schonen. Ebenso ist das klettern an der hauswand erlaubt. Das schreiben von klassenarbeiten wird nicht gerne gesehen, stattdessen wird das vorsingen der verfassten texte bevorzugt. Als entschuldigung für ihr fehlen mögen die schüler das blaue vom himmel erzählen, aber nicht das grüne der wiese.

5 Erfinde selbst einige kuriose Schulregeln. Benutze dabei – wie in dem Beispiel – nominalisierte Verben.

(laufen) *Das Laufen auf dem Sportplatz ist strengstens verboten.*

(lernen) _____

(spielen) _____

(schwätzen) _____

(essen) _____

(schlafen) _____

Wortarten

Das Adjektiv

Mit Adjektiven kannst du die Eigenschaften von Dingen, Lebewesen, Pflanzen u.a. angeben. Das Adjektiv steht oft als Begleiter vor dem Nomen und richtet sich in seiner Form nach Genus, Kasus und Numerus des Nomens.

ein grüner Baum
eine gute Idee
ein neues Auto

Du kannst aber auch eine Tätigkeit, einen Vorgang oder einen Zustand näher kennzeichnen. Dann erscheint das Adjektiv in unflektierter (nicht gebeugter) Form.

Das Mädchen läuft schnell nach Hause.
Der Kuchen riecht lecker.

Viele Adjektive kann man steigern.

Grundstufe: schnell
Komparativ: schneller
Superlativ: am schnellsten

 Unterstreiche in dem folgenden Text alle Adjektive.

Die Zahl aus dem Nichts

Du zeigst eine schwarze Schiefertafel, die auf beiden Seiten leer ist. Dann wickelst du sie in einen weißen Papierbogen und hältst sie hoch. Einer deiner Zuschauer soll dir eine Zahl zwischen 1 und 99 zurufen. In einem Augenblick höchster Spannung entfernst du den Papierbogen von deiner magischen Tafel – und auf der einen Seite steht klar und deutlich die Zahl, die der Zuschauer zuvor genannt hat.

Der Trick gelingt, wenn du eine Hälfte des weißen Papiers vorher dick mit Kreide eingerieben hast. Diese Seite muss natürlich immer dir zugewandt sein. Beim Einwickeln kommt sie auf die Tafelrückseite, und zwar so, dass sich die Kreide abdrückt, wenn du die Zahl mit dem Daumen blitzschnell auf das Einwickelpapier schreibst.

Das Adjektiv 11

2 In dem folgenden Text fehlen die Adjektive. Sie stehen in ungeordneter Reihenfolge darunter. Setze sie an der entsprechenden Stelle ein. Du musst ein bisschen ausprobieren, welches Adjektiv an welche Stelle gehört.

Käpt'n Blaubär erzählt

In seinem sehr _____ Buch „Die dreizehneinhalb Leben des Käpt'n Blaubär" lässt der _____ Schriftsteller Walter Moers den _____ Käpt'n Blaubär dessen _____ Leben erzählen. Seine erste Erinnerung sei, dass er in _____ See getrieben sei, _____ und allein in einer Nussschale. Er habe darein gepasst, weil er sehr, sehr _____ gewesen sei. Weiterhin erinnere er sich an ein sehr _____ Geräusch, von dem er heute wisse, dass es das _____ Geräusch der Welt gewesen sei. Erzeugt worden sei das Geräusch von dem _____, _____ und _____ Wasserwirbel der sieben Weltmeere. Das habe er aber damals nicht gewusst. Wahrscheinlich habe er damals eben gedacht, es sei der _____ Zustand der Welt, _____ in einer Nussschale auf dem _____ Meer einem _____ Tosen entgegenzutreiben.

(lautesten, natürlichste, größte, nackt (2x), rauer, monströsesten, umfangreichen, aufregendes, großes, bekannte, ohrenbetäubenden, beliebten, gefährlichsten, klein, offenen)

Die Präposition

Mit den Präpositionen (Verhältniswörtern) kannst du hauptsächlich räumliche Verhältnisse (in, an, auf), zeitliche Beziehungen (vor, nach) oder ursächliche Beziehungen (wegen) herstellen.

Manchmal ist die Präposition mit dem Artikel verschmolzen (im, am).

1 Unterstreiche in den folgenden Witzen die Präpositionen.

Neugierige Wanzen

Der Gast trägt sich in das Hotelbuch ein. Da sieht er eine dicke Wanze über das Blatt laufen. „Hier bleibe ich nicht", sagt er zum Portier. „Ich habe schon in vielen Hotels Wanzen angetroffen, aber dass sie sich gleich nach meiner Zimmernummer erkundigen, das geht zu weit."

Gute Führung

Der Lehrer sagt zur Mutter, die ihren sechsjährigen Sohn von der Schule abholt: „Ihr Junge ist das bravste Kind, das ich in der Klasse habe." „Das hat er von seinem Vater", antwortet die Mutter erfreut, „der wird auch jedes Mal wegen guter Führung entlassen."

Gutes Geschäft

Zwei Vertreter unterhalten sich. „Ich verkaufe seit zehn Jahren Kühlschränke an die Eskimos", erzählt der eine.
„Na und? Ich verkaufe seit 20 Jahren Kuckucksuhren an die Amerikaner."
„Und was ist das Besondere daran?"
„Bei jeder Uhr verkaufe ich noch zwei Zentner Vogelfutter zusätzlich."

Mütter

„Ich kann es meiner Mutter einfach nie recht machen", sagt Fritzchen zu seinem Freund. „Tobe ich im Zimmer herum, so schimpft sie. Bleibe ich aber ruhig auf einem Stuhl sitzen, dann kommt sie gleich mit dem Fieberthermometer hereingestürzt."

Das Adverb

Manchmal ist es notwendig, einen Sachverhalt näher zu erläutern, indem man angibt, wo etwas passiert, wann es passiert, wie und warum es passiert. Bestimmte Wörter geben eine Auskunft auf diese Fragen:
dort, hier, mittendrin, wohin, heute, gestern, frühestens, daher, demnach, folglich, irgendwo ...

Adverbien verändern im Satzzusammenhang nicht ihre Form.

1 Unterstreiche in den folgenden Sätzen die Adverbien. Schreibe in das Kästchen hinter den Sätzen, ob es sich um eine Orts- oder Richtungsangabe (O), eine Zeitangabe (Z), eine Angabe der Art und Weise (A) oder eine Angabe des Grundes (G) handelt.

- Er arbeitet nachts.
- Anfangs waren wir von seinem Plan begeistert.
- Sie waren drei Tage fort.
- Mein Tennisschläger liegt oben im Regal.
- Ich habe ihn irgendwo schon einmal gesehen.
- Die Spinnen kamen von überall her und krochen überall hin.
- Man sollte niemandem blindlings gehorchen.
- Er sprang kopfüber ins Wasser.
- Wir sind im Urlaub und können sie folglich nicht besuchen.
- Er war jederzeit bereit mir zu helfen.
- Ich werde irgendwie die nächste Klassenarbeit schaffen.
- Ich gehe zuerst zur Post und komme nachher zu dir. (2 Adverbien!)
- Er kommt oft zu spät.
- Er hat mir anstandslos beim Umzug geholfen.
- Ich habe gestern für den Wettkampf trainiert.
- Morgens komme ich nur schwer aus dem Bett.

Das Pronomen

Die deutsche Bezeichnung für Pronomen „Fürwort" weist auf eine wichtige Aufgabe im Satz hin: Pronomen können an Stelle von Nomen stehen, sie können sie vertreten. Diese Art von Pronomen nennt man Personalpronomen: ich, du, er, sie, es ...

Weitere Arten von Pronomen sind:
- das Possessivpronomen (besitzanzeigendes Fürwort): mein, dein, unser ...
- das Demonstrativpronomen (hinweisendes Fürwort): dieser, diese, jener, jenes ...
- das Relativpronomen (bezügliches Fürwort): der, die, das ...
- das Reflexivpronomen (rückbezügliches Fürwort): mich, dich, sich ...
- das Indefinitpronomen (unbestimmtes Fürwort): jemand, etwas, man ...

Zum Relativpronomen erfährst du etwas auf den Seiten 148–154.

1 Ergänze die folgende Tabelle.

		Personalpronomen
Singular	1. Person	ich
	2. Person	_____
	3. Person	_____, _____, _____
Plural	1. Person	_____
	2. Person	ihr
	3. Person	_____

2 Unterstreiche in dem folgendem Witz alle Personalpronomen und das Possessivpronomen.

Erwischt

Zwei Ganoven sitzen im Hinterzimmer einer schmuddeligen Kneipe und spielen Poker. Brüllt der eine plötzlich: „Du spielst falsch! Ich habe genau gesehen, wie du gerade ein gezinktes Ass aus dem Ärmel gezogen hast!"

„Stimmt", antwortet der andere, „aber aus deinem Ärmel."

Das Demonstrativpronomen

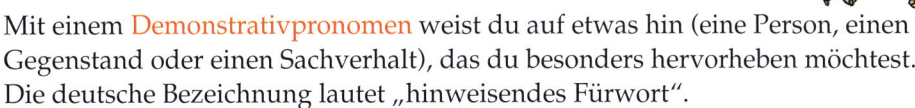

Mit einem Demonstrativpronomen weist du auf etwas hin (eine Person, einen Gegenstand oder einen Sachverhalt), das du besonders hervorheben möchtest. Die deutsche Bezeichnung lautet „hinweisendes Fürwort".

Diese Hose gefällt mir gar nicht.
Eine solche Niederlage hätten wir nicht erwartet.

Das Demonstrativpronomen steht oft als Begleiter vor einem Nomen:
Dieses Haus betrete ich nie mehr.

Ein Demonstrativpronomen kann aber auch für ein Nomen stehen:
Dieses betrete ich nie mehr. (Dieses = Haus)

Demonstrativpronomen sind:
der, die, das
dieser, diese, dieses
jener, jene, jenes
solcher, solche, solches – solch ein, solche eine, solch ein
derselbe, dieselbe, dasselbe
derjenige, diejenige, dasjenige

3 Ergänze in den folgenden Sätzen ein passendes Demonstrativpronomen. Manchmal gibt es mehrere Möglichkeiten.

- Möchten Sie vielleicht _____ Jacke einmal anprobieren?

- Gestern haben wir 5:0 gewonnen. _____ Ergebnis hätten wir nie erwartet.

- Meike hat sich nicht verändert. Sie ist immer noch _____.

- Ich suche _____ Lehrer, der mir keine Hausaufgaben aufgibt.

- Gestern habe ich die Vorfahrtsregeln gelernt. _____ Regeln kann ich mir einfach nicht merken.

- Märchen spielen in _____ Zeit, als das Wünschen noch geholfen hat.

Das Indefinitpronomen

Indefinitpronomen (unbestimmte Fürwörter) bezeichnen ganz allgemein und unbestimmt Personen oder Sachen. Häufig ist auch eine nicht weiter bestimmte Anzahl gemeint.

Man tut das nicht.
Heute kamen etliche Zuschauer.

Indefinitpronomen können für ein Nomen oder als Begleiter vor einem Nomen stehen:
Wenn doch nur irgendjemand käme.
Das ist schon einige Zeit her.

Die wichtigsten Indefinitpronomen sind:
man, jemand, niemand, einer, keiner, jeder, mancher, irgendeiner, irgendjemand, irgendwas, einige, ein paar, ein bisschen, ein wenig, etliche, etwas, nichts

4 Ergänze in den folgenden Sätzen ein passendes Indefinitpronomen.

- _____ spricht nicht mit vollem Mund.
- Wenn du dich verirrt hast, kannst du _____ nach dem Weg fragen.
- Gibt es _____, womit ich dir eine Freude machen kann?
- Das will schon _____ heißen.
- Ich glaube _____, was ich nicht mit eigenen Augen gesehen habe.
- Manchmal hätte ich gerne _____ Tage mehr Ferien.
- Als ich kam, war _____ mehr da.
- Darf es _____ mehr sein?

Das Reflexivpronomen

Das Reflexivpronomen (rückbezügliches Fürwort) bezieht sich im Satzzusammenhang fast immer zurück auf das Satzglied Subjekt. Mit dem Reflexivpronomen wird ausgedrückt, dass sich das im Verb genannte Geschehen oder der im Verb genannte Zustand nicht auf jemand anderes, sondern auf die im Subjekt genannte Person, Sache o.Ä. bezieht.

Ich wasche mich. [Und nicht jemand anderen]

Du hast dich verletzt.

Einige Verben erscheinen immer im Zusammenhang mit einem Reflexivpronomen: sich erinnern, sich unterhalten, sich freuen, sich ankleiden …

5 Unterstreiche in den folgenden Sätzen das Reflexivpronomen und zeichne einen Pfeil zum Subjekt des Satzes.

- Die Handballer streifen sich vor Spielbeginn ihr Trikot über.
- Wir haben uns allein aus der misslichen Lage befreit.
- Mareike kämmt sich ihre langen Haare.
- Mark ärgert sich über seine schlechte Note.
- Du solltest dir eine Pause gönnen.
- Ich schenke mir zu Weihnachten ein dickes Buch.

6 Unterstreiche in dem folgenden Witz die Reflexivpronomen und die dazugehörigen Subjekte.

Pech

Die beiden Einbrecher haben sich in mühseliger Kleinarbeit bis zum Tresorraum der Bank vorgegraben. Doch dort entdecken sie ein Schild mit der Aufschrift „Eintritt verboten". Enttäuscht wenden sie sich dem Tunnelausgang zu. Knurrt der eine: „So ein Pech! Wenn das Schild da nicht gehangen hätte, bräuchten wir uns nie mehr Sorgen um das Geld zu machen."

Wortarten

7 In dem folgenden Text findest du unterschiedliche Arten von Pronomen. Unterstreiche jedes Pronomen und ordne es in die unter dem Text stehende Tabelle ein. Du musst ein Pronomen, das mehrmals vorkommt, nur einmal eintragen.

Alfred Weidenmann

Gepäckschein 666

„Schuhe putzen gefällig?", fragte Peter Pfannroth höflich, als ein ziemlich dicker Mann in einem Regenmantel auf ihn zukam.

„Was denn sonst? Wenn ich Hustensaft will, geh ich in die Apotheke", brummte der Dicke und setzte sich in einen der beiden Drehstühle, der noch frei war.

„Dass du mir mit deiner verdammten Wichse nicht auf meine Socken kommst!" Der Dicke stellte jetzt seine Füße wie zwei Handkoffer vor sich auf den Schemel und zündete sich eine Zigarre an.

„Gestatten Sie, dass ich Ihre Hosenbeine hochkremple?"

Der Dicke gab keinen Ton von sich. Er hüllte sich in dichte Rauchwolken und sah zu dem freien Platz hinüber, der vor dem Bahnhof lag.

„Danke schön", sagte Peter trotzdem und schlug die Hosenenden nach oben. Dabei sah er neben sich zu einem zweiten Jungen. Dieser zweite Junge hatte strohblonde Locken, war dünn wie ein Brett und hieß Emil Schlotterbeck.

„Natürlich wieder eine Baustelle! In dieser Stadt fällt man nur noch von einem Loch ins andere. Lauter Baustellen!" Der Dicke kaute grimmig an seiner Zigarre, paffte den Rauch aus wie eine Lokomotive, die überheizt ist, und sah immer noch zum Bahnhofsplatz hinüber.

Personal-pronomen	Possessiv-pronomen	Demonstrativ-pronomen
ihn		

Relativpronomen	Reflexivpronomen	Indefinitpronomen

Das Verb

Mit Verben bezeichnet man Tätigkeiten (gehen, basteln), Vorgänge (fallen, zerbrechen) und Zustände (stehen, bleiben).

Man unterscheidet
- die infiniten Verbformen (Infinitiv: laufen, schreiben – Partizip I: sehend, schreiend – Partizip II: gegessen, gedacht)
- die finiten Verbformen (er geht; wir schliefen).

1 Unterstreiche in den folgenden Texten alle Verben.

Was ist der Rückstoß?

Wenn wir einen Gartenschlauch aufdrehen und nicht festhalten, spritzt und tanzt er wild in der Gegend herum. Die Kraft, die ihn bewegt, nennt man den Rückstoß. Jeder Gegenstand, der etwas wegstößt oder ausstößt, wird selbst in die Gegenrichtung gestoßen. Der Rückstoß bewegt den Schlauch, aus dem das Wasser spritzt.

Er schießt auch einen aufgeblasenen Luftballon herum, wenn man die Luft aus der Öffnung weichen lässt.

Jede Menge Statuen

2300 Statuen blicken vom Mailänder Dom herab auf die Stadt. Eine davon trägt das steinerne Abbild des Kopfes von Napoleon Bonaparte. Der französische Kaiser hatte einen wichtigen Beitrag für den 148 Meter langen Dom in der italienischen Stadt geleistet; aus diesem Grund bedankten sich die Verantwortlichen, indem sie einer der vielen Statuen das Antlitz

des kaiserlichen Kopfes gaben. Doch auch ohne Napoleons Kopf ist der Marmorbau eine der beliebtesten Sehenswürdigkeiten Italiens. Der Grundstein des Mailänder Doms wurde am 15. März 1386 gelegt und insgesamt 579 Jahre wurde an dem Gotteshaus gebaut. 40 000 Menschen finden darin Platz. Der Dom zählt zu den beliebtesten Sehenswürdigkeiten Italiens.

Die Partizipien

Das Partizip von Verben benötigst du zu verschiedenen Zwecken.
Das Partizip I (Partizip Präsens) und das Partizip II (Partizip Perfekt) kannst du als Adjektiv benutzen:
der auf dem Meer schwimmende Ball; das benutzte Taschentuch

Das Partizip II wird zur Bildung der verschiedenen Vergangenheitsformen benutzt:
ich bin gekommen; ich war gekommen

und zur Bildung des Passivs:
ich werde gerufen; ich bin gerufen worden

Das Partizip I wird durch Anhängen der Wortbausteine -d, -de, -des, -den an den Infinitiv gebildet:
laufende Menschen, schreiend lief er davon

Das Partizip II wird oft durch Voranstellen des Wortbausteins ge- und der Endung -t (bei schwachen Verben) oder -en (bei starken Verben) gebildet:
ich bin gerannt, ich bin gelaufen

 Ergänze die folgende Tabelle.

Infinitiv	Partizip I	Partizip II
	rufend	gerufen
schneiden		geschnitten
rasen	rasend	
werben		
		gewachsen
spielen		
essen		
sprechen		

Das Verb

3 Setze die fehlenden Formen ein.

- Gestern bin ich vor _____ (laufen) Fernseher _____ (einschlafen).
- _____ (sehen) Auges ist er in sein Unglück _____ (rennen).
- Als Versuchsperson in einem Schlaflabor habe ich _____ (schlafen) mein Geld _____ (verdienen).
- Gestern habe ich einen _____ (sprechen) Papagei _____ (kaufen).
- In Venedig habe ich _____ (singen) Gondoliere, die ihre Fahrgäste in Gondeln transportieren, _____ (erleben).
- Auf dem Mississippi sind schon viele Schiffe durch _____ (treiben) Holzgut zum Untergang _____ worden (bringen).
- Viele Menschen haben angeblich _____ (fliegen) Untertassen _____ (sehen).
- Postboten werden oft durch Schilder vor _____ (beißen) Hunden _____ (warnen).
- Die Räder einer Wassermühle werden durch _____ (fließen) Wasser _____ (antreiben).
- Die _____ (blühen) Blumen haben uns im Frühling stets _____ (erfreuen).
- Mit _____ (leuchten) Laternen haben die Kinder am Martinszug _____ (teilnehmen).

Wortarten

- Autofahrer werden durch Schilder vor _____ (spielen) Kindern _____ (warnen).

Die Zeitformen des Verbs

Mit der Verbform kannst du im Satzzusammenhang auch das Tempus, die Zeitform des Geschehens, anzeigen. Man unterscheidet:

Zeitform	Bedeutung	Beispiel
Präsens	• das, was gerade geschieht • das, was immer der Fall ist	• Ich **sitze** am Schreibtisch. • Der Mensch **gehört** zu den Säugetieren.
Perfekt	ein Geschehen, das zwar vergangen ist, aber noch in die Gegenwart wirkt (Form des mündlichen Erzählens)	Ich **habe** heute viel **gearbeitet**.
Präteritum	ein vergangenes Geschehen (Form des schriftlichen Erzählens)	Emil und seine Freunde **jagten** den Taschendieb.
Plusquamperfekt	ein vergangenes Geschehen, das sich noch vor dem eigentlichen erzählten Geschehen ereignet hat	Ich aß gut zu Abend, nachdem ich den ganzen Tag **gearbeitet hatte**.
Futur I	ein zukünftiges Geschehen	Morgen **werde** ich mich **ausruhen**.
Futur II	• ein erst in der Zukunft abgeschlossenes Geschehen • ein gewünschtes oder vermutetes Geschehen in der Zukunft	• Ich **werde** in der nächsten Woche viel **gearbeitet haben**. • In sieben Jahren **wirst** du hoffentlich das Abitur **bestanden haben**.

4 Unterstreiche in den folgenden Texten alle Verben. Ordne die Verben dann in die Tabelle auf Seite 24 nach ihrer Zeitform ein. Denke daran, dass manche Zeitformen durch eine Kombination von Hilfsverb und Vollverb gebildet werden.

Der Siegeszug des Fernsehens

Das Zeitalter des Fernsehens begann in Deutschland offiziell im Jahr 1952. Es dauerte jedoch noch etliche Jahre, bis die flimmernden Kästen in die meisten Haushalte kamen. Schon wesentlich früher hatte es Versuche mit Fernsehgeräten gegeben, im Jahr 1928 in den Vereinigten Staaten von Amerika. 1932 begann der britische Sender BBC mit den ersten Fernsehsendungen. Farbfernseher gibt es in Deutschland seit 1967.

Altes Spielzeug

Kinderspielzeug der Urmenschen hat man in Höhlen gefunden. Forscher haben die besonders schön geformten Steine und die seltsam geschnitzten Knochen als Spielzeug der Höhlenmenschen identifiziert.

Schule in der Zukunft

Wie werden in der Zukunft Schülerinnen und Schüler in der Schule lernen? Wird es noch Lehrer geben oder werden die Schüler nur noch an Computern sitzen? Werden sie sich überhaupt noch aus dem Haus begeben müssen oder wird ihnen alles per elektronischer Post nach Hause geschickt?

Wortarten

Präsens	Präteritum	Perfekt

Plusquamperfekt	Futur I

Aktiv oder Passiv?
Die Handlungsart (Genus verbi)

Mit der finiten Verbform drückst du aus, ob das Geschehen aus der Sicht des Täters/des Handelnden oder aus der Sicht des Betroffenen gesehen wird:
Ich lobe Benjamin.
Benjamin wird von mir gelobt.

Man unterscheidet also zwei Handlungsarten (Genera verbi):
- das Aktiv: Ich lobe Benjamin.
- das Passiv: Benjamin wird von mir gelobt.

5 Entscheide, ob die folgenden Sätze im Aktiv oder Passiv stehen, indem du entweder ein A oder ein P in das Kästchen schreibst.

- Ich gehe zur Schule. ☐
- Klaus wird von seiner Mutter gerufen. ☐
- Lisa gibt Yasmin das Buch zurück. ☐

Das Verb

- Gestern wurde die Sparkasse überfallen. ☐
- Die Räuber bedrohten die Bankangestellten. ☐
- Der Sturm entwurzelte viele Bäume. ☐
- Hagelkörner verursachten Blechschäden an den Autos. ☐
- Viele Häuserdächer wurden abgedeckt. ☐
- Den Menschen wurde schnell von der Feuerwehr geholfen. ☐
- Das Fußballspiel wurde wegen des Unwetters abgebrochen. ☐
- Der Schiedsrichter schickte die Spieler in die Kabinen. ☐
- Die Zuschauer flüchteten unter das Tribünendach. ☐
- Später wurde der Rasen von der Sonne getrocknet. ☐
- Der Schiedsrichter pfiff das Spiel erneut an. ☐
- Keine der Mannschaften schoss ein Tor. ☐
- Die Torhüter wurden bejubelt. ☐

Das Aktiv

Das Aktiv ist die häufiger verwendete Handlungsart. Dabei wird die Handlung vom Täter/vom Handelnden aus gesehen:
Ich spiele Geige.

Täter/Handelnde im grammatischen Sinne können auch Gegenstände oder Gefühle u.Ä. sein:
Die Gitarren jaulten auf.
Die Liebe spielt uns manchen Streich.

6 Unterstreiche in den folgenden Sätzen den Täter/den Handelnden:

- Maren und Julia schreiben zusammen einen Kriminalroman.
- Hass verursacht viele Konflikte.
- Der Zauberer holt ein Kaninchen aus dem Zylinder.
- Eichhörnchen sammeln im Herbst ihren Wintervorrat.
- In der großen Pause bewerfen sich die Schülerinnen mit Schneebällen.

Wortarten

- Früher hat die Großmutter den Enkeln Märchen erzählt.
- In der Zukunft werden Computer noch mehr unseren Alltag bestimmen.
- Gläubige Muslime müssen einen Monat lang fasten.
- Japanische Perlentaucher tauchen bis zu neun Minuten ohne Atemgerät.
- Die Bundesregierung erlässt schärfere Gesetze gegen Umweltsünder.
- Bis zu 4,5 Tonnen Sauerstoff produziert eine einzige Buche im Jahr.
- Die Freiheitsstatue steht im Hafen von New York.

Das Passiv

Mit der Verbform Passiv wird ausgedrückt, dass etwas mit einem Betroffenen geschieht.
Dabei steht entweder die Handlung im Vordergrund (Vorgangspassiv) oder der erreichte Zustand/das Ergebnis (Zustandspassiv).

Der Brief wurde von der Post zugestellt. (Vorgangspassiv)
Der Brief ist zugestellt. (Zustandspassiv)

7 Entscheide, ob es sich bei den folgenden Sätzen um ein Vorgangspassiv oder ein Zustandspassiv handelt, indem du entweder ein V oder Z in das Kästchen notierst.

- Der Fabrikschornstein wurde zum Einsturz gebracht. ☐
- Der morsche Turm ist eingestürzt. ☐
- Vögel werden beim Fliegen vom Aufwind getragen. ☐
- Der Motor wird in das Auto eingebaut. ☐
- Das Korn ist gedroschen. ☐

Das Verb

- Im Frühjahr werden die Winterschläfer von der Wärme geweckt. ☐
- Obststräucher werden im Winter zurückgeschnitten. ☐
- Alle Äpfel sind in der Mosterei verarbeitet worden. ☐
- Der durch die dünne Eisdecke eingebrochene Junge ist gerettet. ☐
- Das kleine Kind wurde von der Feuerwehr aus dem brennenden Haus gerettet. ☐
- Die Süßigkeiten werden von den Kindern schnell vernascht. ☐
- Das ganze Eis aus der Truhe ist aufgegessen. ☐

Die Bildung des Vorgangspassivs

Das Passiv ist eine zusammengesetzte Verbform. Das Vorgangspassiv wird aus einer Personalform von „werden" und dem Partizip II des Verbs gebildet. Das Vorgangspassiv kann in allen Zeitformen stehen:

Die Lösung wird erraten.
Die Lösung wurde erraten.
Die Lösung ist erraten worden.
Die Lösung war erraten worden.
Die Lösung wird erraten werden.
Die Lösung wird erraten worden sein.

8 Ergänze in der folgenden Tabelle die fehlenden Formen der Konjugation des Verbs „schlagen" im Passiv.

		Präsens
Singular	1.	ich werde geschlagen
	2.	du _____ geschlagen
	3.	er, sie oder es _____ geschlagen
Plural	1.	wir werden _____
	2.	_____ werdet geschlagen
	3.	sie _____

Wortarten

		Präteritum
Singular	1.	ich wurde geschlagen
	2.	du _____ geschlagen
	3.	er, sie oder es wurde _____
Plural	1.	wir _____
	2.	_____ geschlagen
	3.	sie _____

		Futur I
Singular	1.	ich werde geschlagen werden
	2.	du _____ geschlagen _____
	3.	er, sie oder es _____ werden
Plural	1.	wir _____
	2.	_____ werdet _____
	3.	_____

		Perfekt
Singular	1.	ich bin geschlagen worden
	2.	du _____ geschlagen worden
	3.	er, sie oder es ist _____
Plural	1.	_____ sind _____ worden
	2.	ihr seid _____
	3.	_____ sind _____

Das Verb 29

Singular	1.	Plusquamperfekt ich war geschlagen worden
	2.	du _____ geschlagen worden
	3.	er, sie oder es _____ worden
Plural	1.	wir _____
	2.	ihr wart _____
	3.	_____

Singular	1.	Futur II¹ ich werde geschlagen worden sein
	2.	du _____ worden sein
	3.	er, sie oder es wird _____
Plural	1.	_____ sein
	2.	ihr _____ geschlagen _____
	3.	_____ geschlagen _____

9 Schreibe die folgenden Passivsätze in der entsprechenden Zeitform auf.

Präsens	Das Haus wird gestrichen.
Präteritum	
Perfekt	
Plusquamperfekt	
Futur I	

---

¹ Das Futur II wird nur sehr selten verwendet. Es steht hier der Vollständigkeit halber, wird im Folgenden aber nicht mehr berücksichtigt.

Wortarten

Präsens	
Präteritum	Das Auto wurde repariert.
Perfekt	
Plusquamperfekt	
Futur I	

Präsens	
Präteritum	
Perfekt	Ich bin gelobt worden.
Plusquamperfekt	
Futur I	

Präsens	
Präteritum	
Perfekt	
Plusquamperfekt	
Futur I	Der Bau wird fertig gestellt werden.

Präsens	
Präteritum	Die Chance wurde verpasst.
Perfekt	
Plusquamperfekt	
Futur I	

Präsens	Der Dieb wird gefasst.
Präteritum	
Perfekt	
Plusquamperfekt	
Futur I	

Präsens	
Präteritum	
Perfekt	Das Fest ist gut organisiert worden.
Plusquamperfekt	
Futur I	

Präsens	Die Einladungen werden verteilt.
Präteritum	
Perfekt	
Plusquamperfekt	
Futur I	

Präsens	
Präteritum	Das Badewasser wurde eingelassen.
Perfekt	
Plusquamperfekt	
Futur I	

Wortarten

Bei der Umformung eines Aktivsatzes in einen Passivsatz wird das Akkusativ-Objekt des Aktivsatzes zum Subjekt des Passivsatzes.

Akkusativ-Objekt — Subjekt
Ich bringe das Paket zur Post. → Das Paket wird von mir zur Post gebracht.

10 Forme die folgenden Aktivsätze in Passivsätze um. Unterstreiche das Akkusativobjekt des Aktivsatzes und das Subjekt des Passivsatzes.

Der Koch bereitet das Essen zu.
Das Essen wird von dem Koch zubereitet.

- Der Maler streicht das Haus.

- Die Katze frisst die Maus.

- Der Dirigent leitet das Orchester.

- Das fließende Wasser treibt das Mühlrad an.

- Marion beobachtet in der Dunkelheit die Sterne.

- Die Scheinwerfer strahlen nachts den Dom an.

- Ich schieße den Ball ins Aus.

- Claudia bereitet den Nudelsalat zu.

Das Verb

- Die Polizei verhaftet den Dieb.

> Bei der Umwandlung eines Aktivsatzes in einen Passivsatz bleibt das Tempus erhalten:
>
> Ich habe die Zeitung gelesen. → Die Zeitung ist von mir gelesen worden.

11 Forme die folgenden Aktivsätze in Passivsätze um. Schreibe zuerst hinter den Aktivsatz, um welches Tempus es sich handelt.

Ich hatte das Zimmer tapeziert. (Plusquamperfekt)

Das Zimmer war von mir tapeziert worden.

- Viele Schüler vergaßen die Bücher. (_____)

- Der Dieb hat ein wertvolles Bild gestohlen. (_____)

- Die Kuh wird das Heu fressen. (_____)

Wortarten

- Der Automechaniker hatte vorher das Blech gebogen. (_____)

- Tanja empfiehlt der Klasse Harry Potter zu lesen. (_____)

- Viele Menschen haben die Warnung nicht gelesen. (_____)

- Ich werde morgen das Auto waschen. (_____)

- Ich wiege das Obst ab. (_____)

- Die Bayern hatten das Spiel 2:0 verloren. (_____)

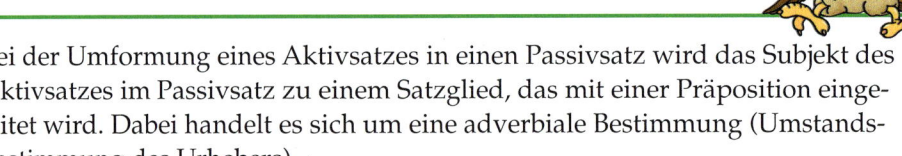

Bei der Umformung eines Aktivsatzes in einen Passivsatz wird das Subjekt des Aktivsatzes im Passivsatz zu einem Satzglied, das mit einer Präposition eingeleitet wird. Dabei handelt es sich um eine adverbiale Bestimmung (Umstandsbestimmung des Urhebers).

Maik spielt den Ball zum Torwart zurück.
Der Ball wird von Maik zum Torwart zurückgespielt.

12 Forme die folgenden Aktivsätze in Passivsätze um. Unterstreiche dabei das Subjekt des Aktivsatzes und die entsprechende adverbiale Bestimmung des Passivsatzes.

Der Malermeister tapeziert die Wohnung.

Die Wohnung wird von dem Malermeister tapeziert.

- Das Pferd zieht die Kutsche.

Das Verb 35

- Der Schiedsrichter sieht das Foul.

- Der Einbrecher stiehlt das wertvolle Gemälde.

- Die Klasse liest das spannende Buch.

- Der Meteorologe sagt das Wetter vorher.

- Schülerlotsen helfen den Schulkindern beim Überqueren der Straße.

- Der Zirkusartist verbiegt eine dicke Eisenstange.

- Der Koch brät die Fische in der Pfanne.

Die Bildung des Zustandspassivs

Das Zustandspassiv bezeichnet den erreichten Zustand oder das Ergebnis einer Handlung.
Es wird gebildet aus einer Personalform von *sein* und dem Partizip II des Verbs.

Der Brief ist geöffnet.   Der Brief war geöffnet.

13 Forme die folgenden Sätze, die im Vorgangspassiv stehen, wie in den Beispielsätzen in das Zustandspassiv um.

Der Sieg wird errungen. → Der Sieg ist errungen.

Die Straße wurde gesperrt. → Die Straße war gesperrt.

- Der Fisch wird gebraten.

- Der Junge wird gerettet.

- Das Feuer wird gelöscht.

- Der Aufsatz wird geschrieben.

- Der Vorhang wurde geöffnet.

- Der Cowboy wurde am Marterpfahl gefesselt.

- Die Einladung zum Geburtstag wurde verteilt.

- Die Klassenzimmertür wird abgeschlossen.

Das täterlose Passiv

Ein wesentlicher Vorteil der Passivbildung ist, dass man den Täter der Handlung verschweigen kann – etwa weil man ihn nicht kennt oder ihn nicht nennen will. Man spricht dann vom täterlosen Passiv:

Der Einbruch wurde gegen Mitternacht verübt.

Das täterlose Passiv wird häufig in Beschreibungen benutzt:

Die Kartoffeln werden vor dem Kochen geschält.

14 Forme die folgenden Aktivsätze in Passivsätze um, ohne den Täter/den Handelnden zu nennen.

Klaus und Mark bereiten den Streich heute vor.
Der Streich wird heute vorbereitet.

- Gestern versteckte die Klasse den Tafelschwamm.

- Unbekannte verübten am Morgen einen Überfall auf die Bank.

- Janine hat mit einem Stein die Scheibe eingeworfen.

- Man beschleunigt einen Wagen durch Heruntertreten des Gaspedals.

- Irgendjemand stellte den vollen Wassereimer vor die Tür.

15 Unterstreiche in den folgenden Texten Sätze oder Satzteile mit einem täterlosen Passiv.

Langer Draht

52 Jahre war die Flaschenpost unterwegs, die 1903 von einer deutschen Südpolexpedition den Wellen übergeben wurde. Die Botschaft wurde am 19. März 1955 in Neuseeland an Land gespült.

Leuchttürme

Bis zu 50 Kilometer weit sind die Scheinwerfer der Leuchttürme zu sehen, die an Küsten und in klippenreichen Gewässern stehen und bei Nacht und Nebel zur Orientierung der Schiffe ihre Leuchtsignale aussenden. Neben den Lichtsignalen werden heute aber auch Schall- und Funksignale benutzt. Leuchttürme gab es schon im Altertum.

Kostbares Wasser

Auf einfache Weise kann Süßwasser nur aus dem Grundwasser und aus Flüssen und Seen gewonnen werden. Dieser kostbare Schatz wird allerdings durch giftige Abwässer aus Industrie und Landwirtschaft immer mehr bedroht. Das Trinkwasser für Städte wird daher oft über Hunderte von Kilometern aus weniger belasteten Gebieten herangeschafft.

Wie erkennen Münzautomaten Falschgeld?

Bei jedem Automaten sind Münzprüfer eingebaut, die Knöpfe, ausländisches Geld oder andere runde Plättchen erkennen und aussortieren. Ein Magnet prüft, ob das eingeworfene Geldstück die richtige Legierung (Metallmischung) hat. Dann wird die Münze auf Dicke, Durchmesser und Gewicht überprüft. Wenn alles stimmt, sollte der Automat eigentlich die gewünschte Ware herausrücken.

Das Verb 39

16 Im Folgenden findest du ein Backrezept für Müsliriegel. Schreibe das Rezept so um, dass alle Handlungsanweisungen durch ein täterloses Passiv formuliert sind. Der erste Satz ist schon vorgegeben.

Müsliriegel
Dazu benötigst du:

125 ml (1/8 l) Wasser	1 Messerspitze gemahlene Vanille
500 g Honig	1 Teelöffel gemahlenen Zimt
200 g kernige Haferflocken	1 Prise Salz
100 g Kokosraspel	2 Eiweiß
50 g Sesamsamen	2 Eigelb
300 g Dörrobst, fein gehackt	
(z.B. Aprikosen, Pflaumen, Äpfel)	

So wird's gemacht:
1. Gib das Wasser und den Honig in einen kleinen Topf und erhitze die Masse auf dem Herd bei mittlerer Hitze (Stufe 1 ½), bis der Honig sich aufgelöst hat.
2. Fülle Haferflocken, Weizenflocken, Kokosraspel, Sesamsamen, Dörrobst, Vanille, Zimt und Salz in eine große Rührschüssel und mische alle Zutaten mit einem Kochlöffel.
3. Nun gibst du das Honigwasser und die Eigelbe dazu, rührst alles noch einmal gut durch und lässt die Masse 10 Minuten quellen.
4. Schlage die beiden Eiweiße mit einem Handrührgerät halb steif und rühre sie dann unter die Müslimischung.
5. Belege das Backblech mit Backtrennpapier und streiche die Müsliriegelmischung darauf.
   Belege die Masse mit Frischhaltefolie und drücke sie dann mit einer Teigrolle fest auf das Backblech. Entferne danach die Folie.
6. Schiebe das Backblech in den Backofen (Strom: etwa 160 Grad/Gas: Stufe 1–2) und backe die Müsliriegel 20–30 Minuten.
7. Um viele kleine Stücke zu erhalten, musst du den großen Müsliriegel zerschneiden, wenn er noch heiß ist.

So wird's gemacht:
1. *Das Wasser und der Honig werden in einen kleinen Topf gegeben und die Masse wird bei mittlerer Hitze (Stufe 1 ½) erhitzt, bis der Honig sich aufgelöst hat.*

2. _____

Wortarten

Guten Appetit!

Wirklich? Möglich? Erwünscht? Der Modus der Verben

An der finiten Verbform kannst du auch erkennen, wie der Sprecher das in dem Verb ausgedrückte Geschehen einschätzt. Sieht er es als wirklich, möglich, erwünscht, nur erdacht oder nicht wirklich an?
Entsprechend unterscheidet man folgende Aussageweisen (lat. Modi, Singular: der Modus):

- Indikativ – Wirklichkeitsform:
  Er geht pünktlich zur Schule.
- Konjunktiv I – Möglichkeitsform:
  Er sagte mir, er gehe pünktlich zur Schule.
- Konjunktiv II – Nicht-Wirklichkeit:
  Ginge er doch pünktlich zur Schule!
- Imperativ – Befehlsform:
  Gehe pünktlich zur Schule!

Keine Sorge, wir üben alle Formen nacheinander!

Der Indikativ: die Wirklichkeitsform

Der Indikativ ist der am häufigsten gebrauchte Modus. Er drückt aus, dass das Gesagte oder Geschriebene als tatsächlich/wirklich angesehen wird.

Wale sind Säugetiere.
Gestern war ich im Theater.

17 Alle Verbformen, die du bisher bearbeitet hast, waren Formen des Indikativs. Du kannst diese Verbformen nochmals üben, indem du in den folgenden Texten alle Prädikate unterstreichst (und nicht vergessen: Prädikate können aus mehreren Teilen bestehen).

Warum <u>haben</u> die Menschen zwei Augen?

Menschen, die auf einem Auge blind sind, können nicht so gut erkennen, welche Dinge hintereinander und welche nebeneinander liegen – dazu braucht man zwei Augen. Man nennt diese Fähigkeit das stereoskopische Sehen. Möglich wird es, weil die beiden Augen nebeneinander liegen, sodass jedes Auge sein eigenes Bild aufnimmt, und zwar aus einem winzig kleinen anderen Winkel. Was das linke Auge abbildet, unterscheidet sich also ein wenig von dem, was das rechte Auge wahrnimmt. Im Gehirn werden die beiden Bilder dann zusammengemischt. Das Hirn errechnet aus ihnen ein gemeinsames Bild von dem, was wir sehen. Und nun passiert das Verblüffende: Wir sehen die Welt nicht flach wie auf einem Foto, sondern räumlich.

Woher wissen wir, aus welcher Richtung ein Geräusch kommt?

Mit unseren beiden Ohren können wir die Richtung erkennen, aus der ein Klang oder ein Geräusch kommt; und dazu brauchen wir tatsächlich beide Ohren.

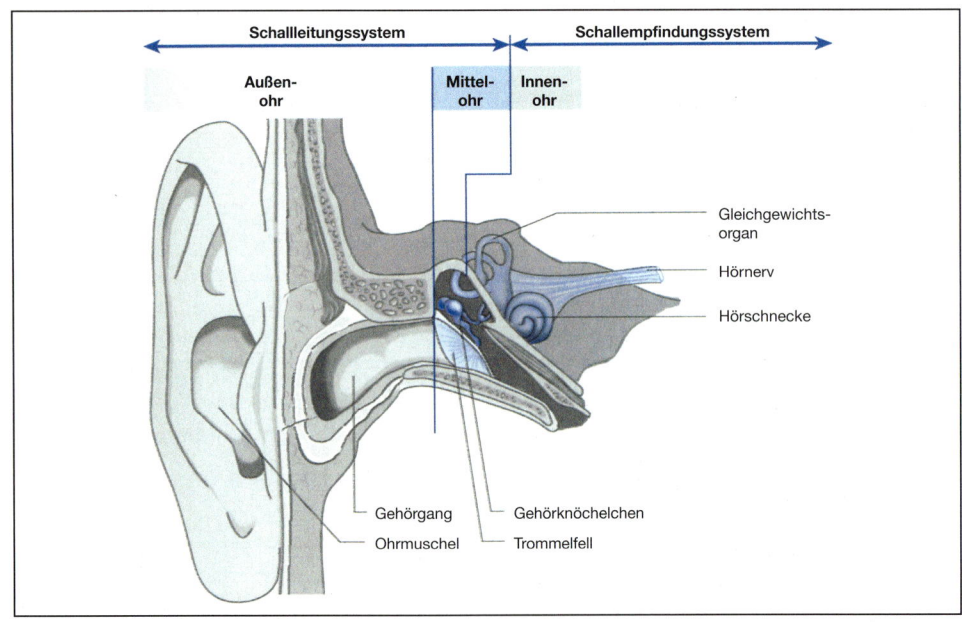

Ein Ton entsteht, wenn irgendwo die Luft zum Schwingen gebracht wird: etwa durch ein Musikinstrument oder durch den Zusammenprall von Gegenständen oder dadurch, dass jemand spricht oder ruft. Der Schall breitet sich in der Luft aus und trifft auf die Ohren. Die beiden Ohren nehmen den Schall getrennt auf. Wenn der Schall von der Seite, zum Beispiel von links, kommt, trifft er zuerst auf das linke Ohr und Sekundenbruchteile später auf das rechte Ohr. Das Gehörorgan in jedem Ohr leitet die Information über die Nerven sofort an das Gehirn weiter. Dort kommt das Signal zu verschiedenen Zeiten an. Das Gehirn erkennt diese winzigen Unterschiede und errechnet daraus automatisch, aus welcher Richtung der Schall kommt. Mit nur einem Ohr können wir zwar ein Geräusch wahrnehmen, wissen dann aber nicht, aus welcher Richtung es kommt.

Der Konjunktiv II als Ausdruck der Nicht-Wirklichkeit

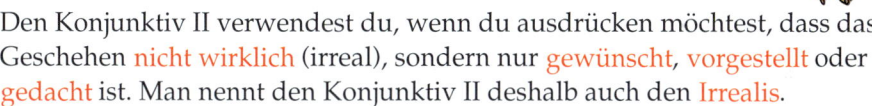

Den Konjunktiv II verwendest du, wenn du ausdrücken möchtest, dass das Geschehen nicht wirklich (irreal), sondern nur gewünscht, vorgestellt oder gedacht ist. Man nennt den Konjunktiv II deshalb auch den Irrealis.

Wenn ich schon alles über Grammatik wüsste, müsste ich den Konjunktiv nicht üben.

18 Unterstreiche in dem folgenden Text alle Prädikate. Denke daran, dass ein Prädikat aus mehreren Teilen bestehen kann.

Wenn ich der König von Deutschland wäre

Als König hätte ich viele Aufgaben. Mein Volk dürfte alles machen, nur keine Verbrechen verüben. Mein Königreich müsste die beste Fußballmannschaft der Welt haben. In meinem Königreich gäbe es keine armen Leute und keine Arbeitslosen und alle Menschen bekämen genug zu essen. Alle Deutschen besäßen in vielen anderen Ländern Freunde. Wenn ich der König von Deutschland wäre, dann wäre vieles anders.

Wortarten

Notiere alle Prädikate untereinander und schreibe wie in dem Beispiel neben jedes Prädikat die jeweilige Form des Präteritums.

Konjunktiv II
wäre

Präteritum Indikativ
war

19 Unterstreiche nun in der vorhergehenden Aufgabe die Buchstaben, die sich bei der Bildung des Konjunktivs II gegenüber der Indikativform des Präteritums geändert haben oder dazugekommen sind. Beispiel: wäre – war

20 Kreuze an, bei welchen Sätzen der Sprecher den Konjunktiv II verwendet hat.

- Ich hatte im Spiel das Tor getroffen. ☐
- Wir hatten das Spiel gewonnen. ☐
- Wenn ich getroffen hätte, hätten wir das Spiel gewonnen. ☐
- Ich hatte genug Zeit, genau zu zielen. ☐
- Ich hätte genug Zeit gehabt, genau zu zielen. ☐
- Wenn ich mutiger gewesen wäre, hätte ich sofort geschossen. ☐
- Ich war mutig. ☐
- Ich hatte sofort geschossen. ☐

21 In welcher Zeitform stehen die Prädikate der Sätze, die du nicht angekreuzt hast?

Indikativ Präteritum ☐

Indikativ Perfekt ☐

Indikativ Plusquamperfekt ☐

Das Verb

Der Konjunktiv II wird aus den Indikativformen des Präteritums und des Plusquamperfekts gebildet.

ich gab → ich gäbe; ich hatte gewonnen → ich hätte gewonnen;
ich war geschwommen → ich wäre geschwommen

22 Ergänze die folgende Tabelle.

Person/Numerus von fahren	Indikativ Präsens	Indikativ Präteritum	Konjunktiv II
1. Singular		ich fuhr	ich führe
2. Singular	du fährst		du führest
3. Singular		er fuhr	
1. Plural		wir fuhren	
2. Plural	ihr fahrt		
3. Plural			sie führen

23 Setze die entsprechende Form des Konjunktivs II von *fahren* ein.

Wenn ich einen Führerschein hätte, _____ ich mit dem Auto zur Schule. Wenn du wüsstest, wie gefährlich es ist, _____ du nicht ohne deinen Fahrradhelm. Sie _____ schneller, wenn sie ein Rennrad hätte. Wenn es eine passende Verbindung gäbe, _____ wir mit der Eisenbahn. Es wäre besser, ihr _____ mit dem Fahrrad statt mit dem Bus. Sie _____ gern mit dem Fahrrad, wenn sie mehr Zeit hätten.

Wortarten

24 Ergänze auch die folgende Tabelle.

Person/Numerus von bringen	Indikativ Präsens	Indikativ Präteritum	Konjunktiv II
1. Singular	ich bringe		ich brächte
2. Singular	du bringst	du brachtest	
3. Singular		er brachte	
1. Plural		wir brachten	
2. Plural	ihr bringt		
3. Plural			sie brächten

Person/Numerus von dürfen	Indikativ Präsens	Indikativ Präteritum	Konjunktiv II
1. Singular	ich darf		ich dürfte
2. Singular		du durftest	
3. Singular		er durfte	
1. Plural	wir dürfen		
2. Plural	ihr dürft		
3. Plural			sie dürften

25 Hier hat jemand viele Wünsche. Schreibe sie wie in dem Beispiel in der Form des Konjunktivs II auf.

immer an die Hausaufgaben denken
Dächte ich doch immer an die Hausaufgaben.

Denke bei der Bildung des Konjunktivs II an das Präteritum: Ich gewann den Flugwettbewerb. – Gewänne ich doch den Flugwettbewerb.

Das Verb 47

- nur gute Zensuren schreiben

- etwas fleißiger sein

- ein Musikinstrument spielen können

- einen neuen Computer bekommen

- den ersten Preis gewinnen

- keine Hausaufgaben machen müssen

- Mittelstürmer spielen dürfen

- nicht mehr so viele Süßigkeiten essen

Wortarten

Einige Formulierungen sind dir sicherlich sehr ungewöhnlich vorgekommen. Das liegt daran, dass der Konjunktiv II heute immer öfter mit „würde" umschrieben wird.

Wenn es nicht regnet, würde ich mit dem Fahrrad fahren.

 Viele Texte klängen sehr langweilig (würden sehr langweilig klingen), wenn nur die Umschreibung mit „würde" erschiene. Daher ist es wichtig, den Konjunktiv II zu beherrschen.
Ersetze in den folgenden Sätzen die Umschreibung mit „würde" durch die andere Form des Konjunktivs II.

Wenn alle Wünsche wahr würden ...,

- würde es keine Hausaufgaben geben.

gäbe es keine Hausaufgaben.

- würden mehr Menschen mit dem Fahrrad statt mit dem Auto fahren.

- würden alle Menschen genug zu essen haben.

- würde meine Mannschaft die Meisterschaft gewinnen.

- würde ich in jedem Spiel ein Tor schießen.

- würde ich 15 cm größer sein.

- würden wir keine Klassenarbeiten schreiben.

- würde im Sommer noch mehr die Sonne scheinen.

- würde mir jeder Zaubertrick gelingen.

27 Unterstreiche in dem folgenden Gedicht alle Verben, die in der Form des Konjunktivs II stehen.

Ulla Hahn

Bildlich gesprochen

Wär' ich ein Baum ich wüchse
dir in die hohle Hand
und wärst du das Meer ich baute
dir weiße Burgen aus Sand.

Wärst du eine Blume ich grübe
dich mit allen Wurzeln aus
wär' ich ein Feuer ich legte
in sanfte Asche dein Haus.

Wär' ich eine Nixe ich saugte
dich auf den Grund hinab
und wärst du ein Stern ich knallte
dich vom Himmel ab.

Der Konjunktiv in der indirekten Rede

Direkte Rede – Indirekte Rede

Wenn du das, was ein anderer gesagt hat, einem Dritten mitteilen willst, kannst du das auf zweierlei Weise tun:

1. Durch direkte, wörtliche Rede

In der direkten Rede tritt das Prädikat in der Regel in der Form des Indikativs (Wirklichkeitsform) auf. Dadurch erweckst du als Sprecher oder Sprecherin bei dem Zuhörer den Eindruck, dass das, was du berichtest, eine Tatsache ist.

Ich habe mit dem Bundestrainer gesprochen und er sagte: „Ich will mit meiner Mannschaft Weltmeister werden."

2. Durch indirekte Rede

In der indirekten Rede erscheint das Prädikat stets in einer Form des Konjunktivs, und zwar in der Regel in einer Form des Konjunktivs I (Möglichkeitsform). Durch die indirekte Rede machst du als Sprecher oder Sprecherin deutlich, dass du nur die Aussagen einer anderen Person wiedergibst. Dadurch entsteht eine größere Distanz zu dem Gesagten.

Ich habe mit dem Bundestrainer gesprochen und er sagte, er wolle mit seiner Mannschaft Weltmeister werden.

28 Du findest im Folgenden einige Witze. Schreibe ein D in das Kästchen hinter dem Witz, wenn in dem Witz direkte Rede vorkommt, und ein I, wenn indirekte Rede darin vorkommt.

Ein betagtes Auto

Der Kunde kommt in die Werkstatt und will sein schon etwas betagtes Auto abholen. Er fragt den Meister: „Haben Sie sich den Wagen gründlich angesehen?"

„Hab ich", antwortet dieser, „an dem Karren gibt es nur ein Stück, das kein Geräusch macht – und das ist die Hupe."

Gute Nachricht?

Besorgt kommt Franz in die Autowerkstatt und fragt den Meister, was sein Auto mache. Daraufhin sagt der Meister, dass er zwei Nachrichten habe. Die gute Nachricht sei: Sonnenblende und Außenspiegel seien in Ordnung ...

Alte Familie

Ein überheblicher Mann sagt seinem Tischnachbarn, er könne seinen Stammbaum bis zu Kaiser Barbarossa zurückverfolgen. Außerdem fragt er ihn, wie alt denn seine Familie sei. Das könne er nicht sagen, entgegnet der Tischnachbar, die Unterlagen seien bei der Sintflut verloren gegangen.

Besetzt

Willi besucht während des Urlaubs ein Museum. Um sich ein wenig auszuruhen, setzt er sich auf einen prunkvollen Stuhl. Sofort kommt der Museumswächter angelaufen: „Stehen Sie sofort auf. Das ist der Stuhl von Napoleon Bonaparte höchstpersönlich!" „Immer mit der Ruhe", entgegnet Willi, „wenn er kommt, stehe ich natürlich sofort auf."

Ein morsender Vogel

Eine Frau fragt in der Zoohandlung, ob sie einen Papagei haben könne, sie wolle nämlich einen sprechenden Vogel verschenken. Die Verkäuferin entgegnet, einen Papagei habe sie nicht im Moment zu verkaufen, aber dafür einen Specht, der könne hervorragend morsen.

Gut gerechnet

Der Museumsführer erklärt, die Vase sei über 2000 Jahre alt. Das könne aber nicht sein, sagt daraufhin Herr Müller, es sei doch jetzt erst das Jahr 1988.

Wortarten

29 Im Folgenden ist ein Witz einmal mit wörtlicher Rede und einmal mit indirekter Rede aufgeschrieben. Unterstreiche in der wörtlichen Rede die Prädikate und dann die entsprechenden Prädikate der indirekten Rede.

Ein Poker-Hund

Herr Weiler sitzt mit seinem Hund am Tisch und spielt Poker mit ihm. „Das ist ja toll", meint sein Freund.
„So toll ist es auch nicht", sagt Herr Weiler. „Er kann sich nämlich nicht beherrschen. Immer wenn er ein gutes Blatt hat, wedelt er mit dem Schwanz."

Herr Weiler sitzt mit seinem Hund am Tisch und spielt Poker mit ihm. Das sei ja toll, meint sein Freund. So toll sei es auch nicht, sagt Herr Weiler. Er könne sich nämlich nicht beherrschen. Immer wenn er ein gutes Blatt habe, wedele er mit dem Schwanz.

30 Ordne die Prädikate, die du unterstrichen hast, in die Tabelle ein.

Indikativform der wörtlichen Rede	Konjunktiv I der indirekten Rede

31 Unterstreiche in dem folgenden Zeitungsbericht die Sätze, in denen indirekte Rede vorkommt.

Schulschlaf

Eine Kuriosität meldet die Polizei aus Flensburg: Ein Lehrer ist in der Schule eingeschlafen. Laut Polizeibericht habe sich der Mann am Ende der Weihnachtsferien in die Schule begeben, um sich für den Unterricht zu Schulanfang vorzubereiten. Dabei sei er aber eingeschlafen. Der Hausmeister, der von der Anwesenheit des Lehrers nichts gewusst habe, habe die Tür verschlossen und die Alarmanlage eingestellt. Als der Lehrer zwei Stunden später aufgewacht sei, habe er durch seine Bewegungen den Alarm ausgelöst. Die sofort herbeigeeilte Polizeistreife konnte den Vorfall dann klären.

 Schreibe die folgenden Witze neu auf und forme die unterstrichenen Teile in die direkte Rede um. Denke daran, die Anführungszeichen zu setzen.

Kniffelei

Die Oma erzählt ihrer Enkelin, der liebe Gott habe alles geschaffen auf Erden, die Pflanzen, die Tiere, die Menschen. Verwundert fragt die Kleine, ob Gott auch die Flöhe geschaffen habe. Die Oma antwortet, ja, Gott habe auch die Flöhe geschaffen. Die Enkelin sagt daraufhin ganz erstaunt, das müsse ja eine ganz schöne Kniffelei gewesen sein.

Zeitverlust

Die Oma fragt ihren Enkel, wie es denn in der Schule sei. Murmelt der Kleine, es gehe so. Man verliere halt so viel Zeit dadurch.

Fortschrittlich

Zwei Hühner gehen zu Ostern durch die Stadt und sehen in den Schaufenstern bunte Ostereier. Schüttelt das eine Huhn den Kopf und sagt, in der Stadt seien die Hühner ja doch fortschrittlicher.

Die Bildung des Konjunktivs I

Der Konjunktiv I, den du bei der indirekten Rede verwendest, wird aus dem Wortstamm und den Wortbausteinen -e, -est und -et gebildet.

du gehst → du geh**est**
er geht → er geh**e**
ihr geht → ihr geh**et**

33 Im Folgenden findest du einen Text einmal mit direkter und einmal mit indirekter Rede. Unterstreiche in allen Texten die Prädikate.

Kussabmagerungskur

Abnehmen durch Küsse ist die angenehmste Art, überflüssige Pfunde loszuwerden. Ohne schweißtreibendes Training und kilometerlanges Jogging verliert man auf diese Weise Gewicht, denn ein Kuss verbraucht, je nach Intensität, zwischen 45 und 75 Joule.

Kussabmagerungskur

In einem Ratgeber für Übergewichtige wird behauptet, Abnehmen durch Küsse sei die angenehmste Art, überflüssige Pfunde loszuwerden. Ohne schweißtreibendes Training und kilometerlanges Jogging verliere man auf diese Weise Gewicht, denn ein Kuss verbrauche, je nach Intensität, zwischen 45 und 75 Joule.

Schlafnotwendigkeit

20 bis 30 Tage ohne Essen kann ein Mensch im Notfall auskommen, aber nur maximal sechs Tage ohne Schlaf. Bereits nach 48 Stunden produziert das Gehirn eine Substanz, durch die der Mensch höchst seltsame, ja verrückte Dinge sieht und hört. Erst nachdem er wieder ausreichend Schlaf gehabt hat, sind die „Hirngespinste" wieder verschwunden.

Schlafnotwendigkeit

Ich habe in einer Wissenschaftssendung im Fernsehen gehört, 20 bis 30 Tage ohne Essen könne ein Mensch im Notfall auskommen, aber nur maximal sechs Tage ohne Schlaf. Bereits nach 48 schlaflosen Stunden produziere das Gehirn eine Substanz, durch die der Mensch höchst seltsame, ja verrückte Dinge sehe und höre. Erst nachdem er wieder ausreichend Schlaf gehabt habe, seien die „Hirngespinste" wieder verschwunden.

Die Taiga

Das größte zusammenhängende Waldgebiet der Welt ist die Taiga. Das Gebiet, das 30 Prozent aller Waldvorkommen umfasst, ist 950 Kilometer breit

Wortarten

und reicht vom Nordwesten Russlands bis hin zum Stillen Ozean. Die riesige Fläche in Sibirien ist teilweise so stark versumpft, dass ein Mensch sie kaum durchdringen kann.

Die Taiga

In meinem Erdkundebuch steht, das größte zusammenhängende Waldgebiet der Welt sei die Taiga. Das Gebiet, das 30 Prozent aller Waldvorkommen umfasse, sei 950 Kilometer breit und reiche vom Nordwesten Russlands bis hin zum Stillen Ozean. Die riesige Fläche in Sibirien sei teilweise so stark versumpft, dass ein Mensch sie kaum durchdringen könne.

34 Stelle die Formen des Konjunktivs I und des Indikativs gegenüber.

Indikativ	Konjunktiv I
ist	sei
	verliere

Das Verb

35 Ergänze die folgenden Tabellen.

Verb	3. Person Singular Präsens Indikativ	3. Person Singular Konjunktiv I
gehen	er geht	er gehe
laufen		er laufe
rufen	er ruft	
schneiden		er schneide
essen		er esse
spielen		
kommen		
tanzen		
pfeifen		
stoßen		
turnen		
haben		
sein		er sei

Verb	2. Person Singular Präsens Indikativ	2. Person Singular Konjunktiv I
trinken	du trinkst	du trinkest
singen		du singest
spielen	du spielst	
wandern		
denken		
laufen		du laufest
tauchen	du tauchst	
sein		du seiest

Wortarten

Verb	2. Person Plural Präsens Indikativ	2. Person Plural Konjunktiv I
rasen	ihr rast	ihr raset
schimpfen		ihr schimpfet
legen		
kränken	ihr kränkt	
loben		
sinken		
sein		ihr seiet

 Schreibe den folgenden Text so um, dass alle Prädikate im Modus Konjunktiv I gebraucht werden. Zu deiner Hilfe sind die Prädikate, die du umformen musst, bereits unterstrichen.

Brückenrekorde
120 Kilometer lang <u>ist</u> die längste Brücke der Welt. Die Brücke, die von Florida hin zu den Key-West-Inseln <u>führt</u>, <u>ist</u> zwar zusammenhängend, aber sie <u>macht</u> an vereinzelten Inseln Zwischenstation. In Amerika <u>findet</u> man auch die breiteste Brücke der Welt. Es <u>handelt sich</u> um die Grawfort-Brücke auf Rhode-Island. Sie <u>hat</u> eine Breite von 349 Metern.

Brücke zu den Key-West-Inseln

In einem Buch steht, _____

___

Du hast bis jetzt den Konjunktiv I für die zweite Person Singular und Plural und dritte Person Singular kennengelernt.
Für die anderen Personen brauchst du den Konjunktiv II als Ersatzform, denn Indikativ und Konjunktiv I sind nicht zu unterscheiden.

 Ergänze die folgende Tabelle wie in dem Beispiel um die Formen des Indikativs. Kreise dann die identischen Formen von Indikativ und Konjunktiv I ein.

Verb	Indikativ Präsens	Konjunktiv I
lesen	ich lese	ich lese
	_____	du lesest
	_____	er, sie oder es lese
	_____	wir lesen
	_____	ihr leset
	_____	sie lesen

Wortarten

Wenn der Konjunktiv I gleichlautend mit dem Indikativ ist, musst du die Ersatzform, den Konjunktiv II, bilden.

Indikativ	Konjunktiv I		Konjunktiv II
ich lese	ich lese	→	ich läse
wir lesen	wir lesen	→	wir läsen
sie lesen	sie lesen	→	sie läsen

Möglich ist auch die Umschreibung mit „würde":
ich würde lesen
wir würden lesen
sie würden lesen

Wenn ich du wäre, dann schlüge ich noch einmal nach, wie der Konjunktiv II gebildet wird, nämlich auf den Seiten 45–47.

38 Bilde den Konjunktiv II als Ersatzform für den Konjunktiv I zu folgenden Indikativformen:

Indikativ Präsens	Konjunktiv II als Ersatzform für den Konjunktiv I
ich schreibe	ich schriebe (ich würde schreiben)
ich gehe	ich ginge (ich würde gehen)
ich trinke	
ich bitte	
ich schweige	
ich fange	
ich greife	
ich schreie	

Indikativ Präsens	Konjunktiv II als Ersatzform für den Konjunktiv I
ich halte	
wir kommen	
wir nehmen	
wir tragen	
wir essen	
wir singen	
wir schieben	
sie sehen	
sie treffen	
sie waschen	
sie wachsen	
sie wiegen	
sie messen	
sie geben	
sie finden	
sie sprechen	
sie graben	
sie klingen	

Die Zeitformen des Konjunktivs I

Im Gegensatz zum Indikativ kennt der Konjunktiv I nur drei Zeitformen:

Indikativ	Konjunktiv I
Präsens	Gleichzeitigkeit
Präteritum Perfekt Plusquamperfekt	Vorzeitigkeit
Futur I Futur II	Nachzeitigkeit

Welche Zeitform des Konjunktivs in der indirekten Rede verwendet wird, hängt davon ab, in welchem zeitlichen Verhältnis indirekte Rede und Hauptsatz stehen. Liegt das in der indirekten Rede wiedergegebene Geschehen zeitlich vor dem, was im Hauptsatz ausgedrückt wird (Vorzeitigkeit), geschieht es gleichzeitig (Gleichzeitigkeit) oder ist es noch gar nicht geschehen (Nachzeitigkeit)?

1. Vorzeitigkeit
Niclas sagt, er habe eben seine Hausaufgaben gemacht.

2. Gleichzeitigkeit
Niclas sagt, er übe gerade Querflöte.

3. Nachzeitigkeit
Niclas sagt, er werde gleich zum Fußballtraining gehen.

39 Entscheide, in welchem zeitlichen Verhältnis indirekte Rede und Hauptsatz stehen, indem du in das Kästchen ein V für Vorzeitigkeit, ein G für Gleichzeitigkeit und ein N für Nachzeitigkeit einträgst.

- Max sagt, morgen werde er einen neuen Ball mitbringen. ☐
- Freya behauptet, gestern habe es in ihrem Dorf geschneit. ☐
- Marius glaubt, Bayern München werde Deutscher Meister. ☐
- Steffi sagte, sie habe zwei Stunden für die Hausaufgaben gebraucht. ☐
- Felix meint, er passe gut auf im Unterricht. ☐
- Mareike sagt, sie habe gestern den Krimi gesehen. ☐
- Janina sagt, sie räume gerade ihr Zimmer auf. ☐

- Steffen erzählt, er habe in der Nacht schlecht geschlafen.
- Philip sagt, er werde heute für die Klassenarbeit üben.
- Lisa erzählt, sie sei schneller als Tobias gelaufen.

Die Bildung des Konjunktivs I der Vorzeitigkeit

Für den Indikativ hast du drei Zeitformen der Vergangenheit kennengelernt: Präteritum, Perfekt und Plusquamperfekt.
Für den Konjunktiv I gibt es nur eine Vergangenheitsform. Sie wird gebildet aus dem Hilfsverb haben oder sein und dem Partizip II des Vollverbs.

er sagte	→ er habe gesagt	er ging	→ er sei gegangen
er hat gesagt	→ er habe gesagt	er ist gegangen	→ er sei gegangen
er hatte gesagt	→ er habe gesagt	er war gegangen	→ er sei gegangen

40 Forme die folgenden Sätze in den Konjunktiv I um:

- Markus ist zum Fußballspiel gegangen.

  Die Mutter sagt, Markus sei zum Fußballspiel gegangen.

- Maike hat den Vorlesewettbewerb gewonnen.

  Franziska glaubt, _____

- Daniel schrie seinen Ärger hinaus.

  Frank erzählt, _____

- Franziska lobte den Schiedsrichter.

  Marielle berichtete, _____

- Nachdem Frank gegessen hatte, ist er nach draußen gegangen.

  Die Mutter erzählt, _____

- Marcel erledigte seine Hausaufgaben.

  Niclas erzählte, _____

- Zum Aufwärmen rannte der Läufer drei Runden um den Platz.

  Benjamin erzählt, _____

  _____

- Viktoria ist schnell geschwommen.

  Der Trainer sagte, _____

Für die erste Person Singular, die erste Person Plural und die dritte Person Plural ist der Indikativ und der Konjunktiv I von *haben* gleich lautend. Deshalb muss hier die Ersatzform eingesetzt werden.

41 Vervollständige die folgende Tabelle.

Indikativ	Konjunktiv I	Konjunktiv II als Ersatzform
ich habe		ich hätte
du hast		–
er, sie oder es hat		–
wir haben	wir haben	
ihr habt	ihr habet	–
sie haben		sie hätten

42 Forme den folgenden Text in indirekte Rede um. Beachte, dass du an einigen Stellen die Ersatzform *hätten* einsetzen musst.

Katzenliebe

Im alten Ägypten gab es Pyramiden für Katzen. Denn die Katze war dort – ebenso wie Hunde – ein heiliges Tier. Wenn die Katze eines wohlhabenden Ägypters starb, balsamierte man sie ein und setzte sie in einer kleinen Trauerfeier bei. Als Zeichen ihrer Trauer rasierten sich die Menschen dann die Augenbrauen ab. Eine Katze zu töten galt als besonders schlimmes Verbrechen. Beim Brand eines Hauses retteten die Menschen zuerst die Katzen. Dann erst begannen sie mit den Löscharbeiten.

In meinem Buch über Katzen steht, im alten Ägypten habe es

Die Bildung des Konjunktivs I der Nachzeitigkeit

Der Konjunktiv der Nachzeitigkeit wird aus dem Hilfsverb werden und dem Infinitiv des Verbs gebildet.

Lara sagt, sie werde morgen kommen.

Für die erste Person Singular und alle Pluralformen musst du die Ersatzform einsetzen.

Im Fernsehen haben sie gesagt, die sonnigen Tage würden bald kommen.

43 Ergänze die folgende Tabelle:

Indikativ	Konjunktiv I	Konjunktiv II als Ersatzform
ich werde schwimmen		ich würde schwimmen
du wirst schwimmen	du werdest schwimmen	–
er, sie oder es wird schwimmen		–
wir werden schwimmen	wir werden schwimmen	
ihr werdet schwimmen		ihr würdet schwimmen
sie werden schwimmen		

44 Forme den folgenden Text in indirekte Rede um.

Urlaubswünsche
Der nächste Urlaub wird bestimmt schön. Wir werden morgens lange schlafen. Dann wird schon das Frühstück auf uns warten. Den ganzen Tag wird die Sonne scheinen und wir werden am Strand liegen. Alle Menschen um uns herum werden gute Laune haben. Schade nur, dass die schöne Zeit so schnell vorübergehen wird.

Alina sagt, unser gemeinsamer Urlaub werde _____

_____

_____

_____

_____

Überblick über die Leistungen der finiten Verbform

Der finiten Verbform kommt im Satz eine besondere Bedeutung zu. Mit ihr gibst du Auskunft über

- Person und Numerus:
  ich esse – wir essen

- das Tempus:
  Präsens: ich gehe
  Perfekt: ich bin gegangen
  Präteritum: ich ging
  Plusquamperfekt: ich war gegangen
  Futur I: ich werde gehen
  Futur II: ich werde gegangen sein

- die Handlungsart:
  Aktiv: ich schlage
  Passiv: ich werde geschlagen

- den Modus:
  Indikativ: er kommt
  Konjunktiv I: er komme
  Konjunktiv II: er käme
  Imperativ: Komm! Kommt!

Übungen für alle Gelegenheiten – Wortarten

Wortarten erkennen

1 Trage die unterstrichenen Wörter in die entsprechende Spalte der Tabelle ein.

Werkzeuge unserer Vorfahren
Welche <u>Werkzeuge</u> und <u>Geräte</u> <u>bauten</u> sich <u>unsere</u> Vorfahren?
<u>Die</u> <u>primitivsten</u> Werkzeuge waren behauene Steine, die als Schabegeräte benutzt wurden. Die <u>ältesten</u> <u>Funde</u> weisen <u>auf</u> die Zeit vor <u>vier</u> Millionen Jahren zurück.
Vor einer halben Million Jahren spitzten sich Menschen Holzstangen zu Speeren zurecht. Vor 250 000 Jahren <u>erschienen</u> <u>erstmals</u> Steinbeile <u>mit</u> Stiel. <u>Brauchbare</u> Lampen gab es <u>bereits</u> vor 50 000 Jahren. <u>Sie</u> waren aus Stein gehauen. Als Brennstoff <u>diente</u> Tierfett.
Pfeil und Bogen tauchten <u>vor</u> 30 000 Jahren auf. Zwar sind von <u>diesen</u> Waffen selbst keine Reste erhalten geblieben, doch auf vielen Höhlenmalereien sind Jäger mit Pfeil und Bogen abgebildet.
Nähnadeln sind <u>seit</u> 20 000 Jahren bekannt. 13 000 Jahre alt sind Harpunen, also mit Widerhaken versehene Speere, die man in Westfrankreich <u>beim</u> Fischfang benutzte. <u>Dort</u> entdeckte man auch Reste von geflochtenen Körben.

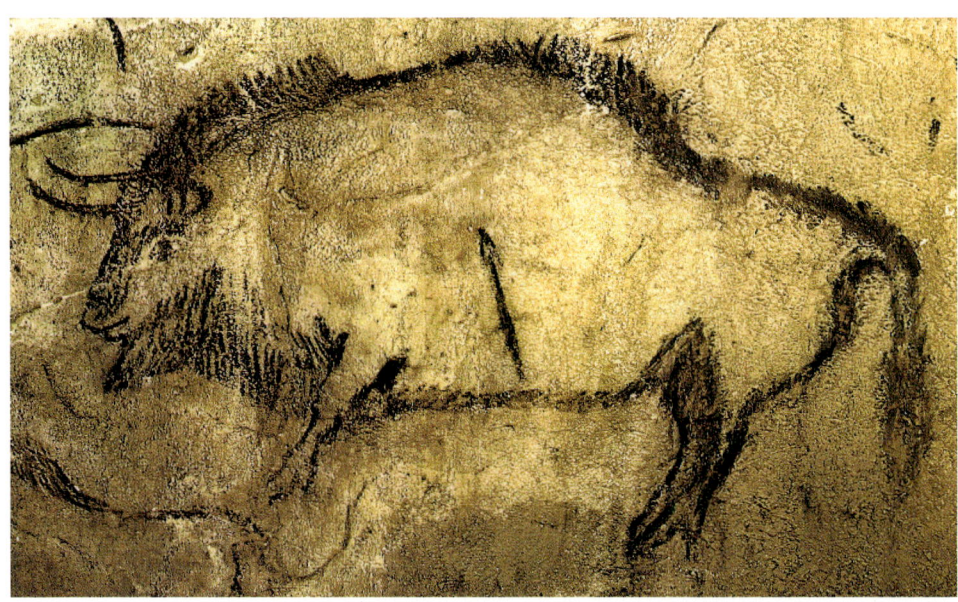

Übungen für alle Gelegenheiten – Wortarten

Nomen	Verben	Pronomen

Artikel	Adjektive	Präpositionen

Zahlwörter	Adverbien

2 Ergänze die fehlenden Pronomen.

Liebe?

Sie flüstert im Kino: „Liebling, sitzt _____ bequem?"

„Ja."

„Hast _____ genügend Platz für _____ Beine?"

„Ja."

„Stört _____ die Dame mit dem großen Hut nicht?"

„Nein."

„Hast _____ einen Sitz mit zwei Armlehnen?"

„Ja."

„Gut, dann lass _____ doch _____ Plätze tauschen."

Wortarten

3 Ordne alle Wörter der folgenden Sätze entsprechend ihrer Wortart in die Tabelle ein.

Die begeisterten Kinder besuchen heute mit ihren Eltern den stimmungsvollen Weihnachtsmarkt, der auf dem Marktplatz stattfindet. Weil es draußen kalt ist und ein scharfer Wind bläst, tragen sie warme Kleidung.

Artikel	Nomen	Adjektiv	Verb

Adverb	Präposition	Konjunktion	Pronomen

Tempusformen erkennen

4 Trage die unterstrichenen Prädikate entsprechend ihrer Tempusform in die Tabelle ein. Denke daran, dass ein Prädikat auch aus zwei Teilen bestehen kann.

Baby startet Auto
Eine Mutter in Großbritannien hat ihr Auto gestartet, indem sie ihrem Kind auf den Bauch drückte. Der Kleine hatte zuvor am Autoschlüssel genuckelt. Es handelte sich dabei um einen modernen Autoschlüssel, mit dem man per Knopfdruck die Wegfahrsperre aufheben kann. Beim Nuckeln hatte das Baby den Mikrochip verschluckt. Die Mutter kam schließlich auf die Idee, das Kind mit dem Bauch gegen das Lenkrad zu drücken. Dadurch wurde der Chip aktiviert und das Auto konnte starten. Den fehlenden Teil des Schlüssels wird die Mutter bald in der Windel des Babys wiederfinden.

Präsens	
Präteritum	**Plusquamperfekt**
Perfekt	**Futur**

5 Unterstreiche in dem folgenden Text alle Prädikate und trage sie entsprechend ihrer Zeitform in die Tabelle ein.

Wie viele Sinne hat der Mensch?

Früher unterschied man fünf Sinne [...]. Damit meinte man den Gesichtssinn (Sehsinn), den Gehörsinn, den Tastsinn, den Geruchssinn und den Geschmackssinn. Heute nennt man den Tastsinn „Drucksinn". Das ist auch logisch, denn eigentlich nehmen wir ja nicht das Tasten wahr, sondern den Druck, der auf unserer tastenden Hand liegt.

Darüber hinaus gibt es aber noch folgende vier Sinne: den Schmerzsinn, den Kälte- und Wärmesinn, den Gleichgewichtssinn, der uns sagt, ob wir stehen oder liegen und wo oben und unten ist, sowie den Muskelsinn. Der Muskelsinn zeigt uns an, ob wir einen Muskel angespannt haben oder entspannt haben.

Präsens	Präteritum	Perfekt

Passivsätze erkennen

6 Kreuze die Sätze an, die im Passiv stehen.

- Ebbe und Flut werden durch die Anziehungskraft des Mondes verursacht. ☐

- In manchen Nächten spendet der Vollmond viel Licht. ☐

Übungen für alle Gelegenheiten – Wortarten

- Das Licht der Sonne wird von der Mondoberfläche reflektiert. ☐
- Ein Regenbogen entsteht durch Sonnenlicht und Regen. ☐
- Das Licht der Sonne wird von den Wassertropfen in seine bunten Bestandteile aufgeteilt. ☐
- Auch nachts kann ein Regenbogen entstehen – bei Vollmond. ☐
- Das Mondlicht wird wie das Sonnenlicht in seine vielfarbigen Bestandteile aufgespalten. ☐

7 In den folgenden Satzgefügen und Satzreihen steht jeweils nur ein Prädikat im Passiv, das andere ist im Aktiv formuliert. Unterstreiche die Sätze oder Satzteile im Passiv.

- Eine Schere besteht aus zwei Messerklingen, die miteinander verbunden sind.
- Wenn ein aufgeblasener Luftballon losgelassen wird, zischt er los.
- Die ersten Verkehrsampeln wurden 1868 in London aufgestellt und bestanden aus einer roten und einer grünen Gaslaterne.
- Um von Grün auf Rot zu schalten, wurde ein Hebel an der Ampel betätigt.
- Etwa 250 Briefträger werden in Österreich jedes Jahr von Hunden gebissen, wenn sie die Post austragen.
- Als im Jahre 79 n. Chr. der Vulkan Vesuv in Süditalien ausbrach, wurde die Stadt Pompeji vollkommen zerstört.
- Ehe das Geld als Zahlungsmittel bekannt wurde, war der Tauschhandel die einzig bekannte Form des Warengeschäfts.
- Angeblich wurden früher die Rheinschiffer von dem wunderschönen Gesang der Lorelei abgelenkt und steuerten ihr Schiff gegen die Felsen.
- Mit dem Bau des Kölner Doms begann man 1248, doch erst im Jahr 1880 wurde er fertiggestellt.
- Schiffe, auf denen Autos transportiert werden können, nennt man Fähren.

Wortarten

Vom Aktiv ins Passiv und umgekehrt

8 Ergänze die Tabelle.

Aktiv	Passiv
Ich schmücke den Weihnachtsbaum.	Der Weihnachtsbaum wird von mir geschmückt.
Meike tröstet Janine.	
	Der Schüler wird von dem Lehrer getadelt.
	Das Feuer wird von den Feuerwehrleuten gelöscht.
Der Schiedsrichter sagt das Spiel ab.	
Der Uhrmacher repariert die Uhr.	
Anna streichelt die Ziege.	
Maik zieht die Schrauben an.	

Übungen für alle Gelegenheiten – Wortarten

9 Bestimme, bevor du die Sätze umformst, das Tempus.

Aktiv	Tempus	Passiv
Der Mittelstürmer hat das entscheidende Tor geschossen.	Perfekt	Das entscheidende Tor ist von dem Mittelstürmer geschossen worden.
Der Klempner repariert den tropfenden Wasserhahn.		
Die Klasse wird Janine wieder zur Klassensprecherin wählen.		
		Das Auto wurde gestern vom TÜV untersucht.
Der Hausmeister schließt die Schule am Nachmittag ab.		

Indirekte Rede in direkte Rede umwandeln

10 Die folgenden Witze enthalten statt der wörtlichen Rede die indirekte Rede. Unterstreiche zunächst die Sätze bzw. Satzteile, die in indirekter Rede formuliert sind. Schreibe die Witze dann neu in direkter Rede auf.

Begabte Tiere

Ihre Tante sei eine Künstlerin, schneidet Gabi bei ihrer Freundin auf. Sie trete mit einem Hund und einer Katze auf, und beide könnten sie reden. Da sei doch ein Trick bei, überlegt ihre Freundin. Gabi guckt sie an und meint, ihr könne sie es ja sagen. Die Katze könne gar nicht sprechen, sondern der Hund sei Bauchredner.

Irrtum

Er habe die schwere Operation ausgezeichnet überstanden, sagt der Arzt zu dem Patienten, als dieser aus der Narkose erwacht. Dies freue ihn, seufzt der Patient, aber eigentlich sei er nur gekommen, um die Fenster zu putzen.

Übungen für alle Gelegenheiten – Wortarten

Wörtliche Rede in indirekte Rede umformulieren

11 Formuliere die folgenden Aussagen in indirekte Rede um.

Der Fußballstar sagte nach der Niederlage: „Erst hatte ich kein Glück und dann ist noch Pech dazugekommen."

_____

_____

_____

Der Comic-Held Hägar meint: „Es gibt zwei unumstößliche Wahrheiten. Jungen sind klüger als Mädchen und die Erde ist eine Scheibe."

_____

_____

_____

_____

Der Lügenbaron von Münchhausen hat behauptet: „Ich habe einem jungen Hirschen einen Kirschkern in den Kopf geschossen. Jahre später habe ich den Hirschen wiedergesehen. Statt eines Geweihs trug er einen kleinen Kirschbaum."

_____

_____

_____

_____

_____

Wortarten

Texte in indirekte Rede umformulieren

12 Forme die folgenden Texte in indirekte Rede um.

Geschickter Angler
Seinen eigenen Schwanz als Angel benutzt der Jaguar. Er geht dabei sehr schlau vor. Er hängt einfach seinen 45 bis 75 Zentimeter langen Schwanz ins Wasser und wartet. Genau in dem Moment, in dem ein Fisch kommt und nach dem Schwanz beißt, zieht der Jaguar ihn blitzschnell ein und die Beute hängt an der „Angel".

Ich habe in einem Buch gelesen, der Jaguar

Kurzschläfer
Nur 30 Sekunden lang schläft das Okapi. Seine Tiefschlafphasen – Zeiträume, in denen es keine Wahrnehmung hat – dauern tatsächlich nur eine halbe Minute lang. In einer Nacht hat die Unterart der Giraffen, die im zentralafrikanischen Urwald lebt, etwa zehn solcher kurzen Schlafphasen.

Ich habe in einem Buch gelesen, das Okapi

13 Im Folgenden findest du drei Zeitungsnachrichten, die sich recht unglaubwürdig anhören. Stell dir vor, du willst einem Freund/einer Freundin diese Nachricht weitergeben. Benutze dazu die indirekte Rede.
Wenn du noch unsicher bist, unterstreiche erst alle Prädikate und überlege dann die Umformung in den Konjunktiv I.

Rache des Elefanten

Einen erdrückenden Beweis seines Zornes hat ein indischer Elefant seinem vierrädrigen Peiniger geliefert: Als ihn nahe der zentralindischen Stadt Indore ein PKW anfuhr und am rechten Hinterbein verletzte, setzte sich der tonnenschwere Dickhäuter kurz entschlossen auf die Kühlerhaube. Dabei beschädigte er das Auto sehr stark. Die Feuerwehr musste die Insassen aus dem Inneren des Wagens befreien.

Ich habe in der Zeitung gelesen, ein indischer Elefant _____

Wortarten

Schläfrige Aktion

Im Schlaf ist ein 14-jähriges Mädchen, das seit seinem zweiten Lebensjahr an Somnambulismus (Schlafwandeln) leidet, nachts mit dem Wagen seines Vaters verunglückt. Ohne dass die Eltern es merkten, war das Kind in der Nacht aufgestanden, hatte sich den Autoschlüssel genommen und war mit dem Wagen losgefahren. Zum Glück hat das Mädchen sich nicht verletzt.

Ich habe in der Zeitung gelesen, ein 14-jähriges Mädchen _____

_____
_____
_____
_____
_____
_____

Banküberfall mit Wasserpistole

Mit vorgehaltener Wasserpistole hat ein Gangster eine Bankfiliale in der elsässischen Stadt Straßburg überfallen. Er ließ sich etwa 8 000 bis 10 000 Euro aushändigen, bespritzte das Personal sowie einige in der Schusslinie stehende Kunden und entkam unbehelligt auf seinem Fahrrad.

Ich habe in der Zeitung gelesen, ein _____

_____
_____
_____
_____

Der Konjunktiv II

14 Unterstreiche die Verben im Konjunktiv II.

Bertolt Brecht

Der Rauch

Das kleine Haus unter Bäumen am See

Vom Dach steigt Rauch

Fehlte er

Wie trostlos dann wären

Haus, Bäume und See.

15 Formuliere die folgenden Aussagen in den Konjunktiv II um.

Was wäre, wenn ...?

- Wenn es keine Autos mehr gibt, müssen wir viele Strecken zu Fuß gehen.

Wenn es keine Autos mehr gäbe,

- Wenn es keine Bäume mehr gibt, haben wir nicht genug Sauerstoff zum Atmen.

- Wenn es keine Schule mehr gibt, können wir auch nichts lernen.

- Wenn es keine Häuser mehr gibt, müssen wir in Zelten leben.

Wortarten

- Wenn es keine Mützen mehr gibt, haben wir im Winter kalte Ohren.

- Wenn es das Wörtchen wenn nicht mehr gibt, dann bin ich Millionär.

Der Satz und seine Glieder

Satzglieder und Satzgliedteile

Subjekt und Prädikat

Das weißt du bereits aus den letzten Schuljahren: Zu einem grammatisch vollständigen Satz gehören immer die Satzglieder Subjekt und Prädikat. Oft kommen noch weitere Satzglieder hinzu.
Das Subjekt gibt an, wer oder was etwas tut oder wer oder was etwas ist. Es steht immer im Nominativ (1. Fall) und kann aus unterschiedlichen Wortarten gebildet werden.
Das Subjekt antwortet auf die Frage: Wer oder was …?

(Tausende von Zuschauern) verfolgten gespannt die Wettkämpfe.
      Subjekt

Das Prädikat drückt aus, was das Subjekt tut, was es ist oder was mit ihm geschieht.
Das Prädikat besteht immer aus der konjugierten (gebeugten) Form eines Verbs. Es antwortet auf die Frage: Was tut …? Was geschieht …? Was ist …?

Tausende von Zuschauern (verfolgten) gespannt die Wettkämpfe.
      Prädikat

Das Prädikat kann auch aus mehreren Teilen bestehen.

Lisa möchte an dem Wettkampf teilnehmen.
Leider ist sie verletzt.

Das Subjekt kann auch aus einem Gliedsatz gebildet werden. Lies auf S. 140 nach.

Der Satz und seine Glieder

1 Unterstreiche in den folgenden Sätzen jeweils das Subjekt. Denk daran, dass das Subjekt aus mehreren unterschiedlichen Wörtern bestehen kann. Welche Teile zusammen das Subjekt bilden, kannst du herausfinden, indem du den jeweiligen Satz im Kopf umstellst.

- <u>Die Erde</u> ist mit einer Ozonschicht umgeben.
- Ozon ist eine besonders energiereiche Sauerstoffart.
- Diese Ozonschicht filtert beinahe die gesamte ultraviolette Sonnenstrahlung heraus.
- 1982 entdeckten Wissenschaftler zum ersten Mal, dass sich diese lebenswichtige Ozonschicht bedenklich verkleinert hatte.
- Dieser Prozess schreitet bis zum heutigen Tag fort.
- Dafür verantwortlich sind vor allem Kühlmittel und Abgase.
- Sie steigen in die Ozonschicht auf und zerstören diese.
- Seit Jahren bemühen sich die Industriestaaten mit unterschiedlicher Intensität darum, die Produktion dieser Schadstoffe einzuschränken.

2 Im Folgenden sind einige Satzgefüge (Hauptsatz und Gliedsatz) abgedruckt. Unterstreiche sowohl in den Hauptsätzen als auch in den Gliedsätzen jeweils das Subjekt.

- Wenn die Temperaturen unter 0 Grad Celsius sinken, entsteht der sogenannte Reif.
- Sobald die Straßen damit bedeckt sind, müssen Autofahrer besonders gut aufpassen.
- Reif spiegelt sich bei Licht auf der Straße, da er aus feinen Eiskristallen besteht.
- Stromleitungen können sich gelegentlich so dick mit Reif überziehen, dass die Masten unter dem Gewicht zusammenbrechen.
- Während die Autofahrer den Reif fürchten, schätzen ihn die Fotografen ganz besonders.
- Wenn die Sonne auf mit Reif bedeckte Landschaften scheint, entstehen interessante Fotomotive.

Satzglieder und Satzgliedteile

3 Unterstreiche in den folgenden Texten alle Subjekte.

Abendrot

Das Licht der Sonne besteht wie jedes Licht aus verschiedenen Farben. Diese Farben kannst du z.B. bei einem Regenbogen beobachten. Wenn die Sonne nun abends und morgens nicht von oben, sondern von der Seite scheint, dann muss das Licht erst den dichteren Dunst in der Atmosphäre, welche als Hülle die Erde umgibt, durchdringen, bevor es unser Auge erreicht. Im Dunst werden dem Licht die blauen Anteile entzogen, oder genauer gesagt, sie werden gestreut. Als Folge daraus überwiegen für unser Auge die roten Anteile des Sonnenlichts. Wir sehen das Abendrot. Andererseits sind die blauen gestreuten Anteile des Lichts verantwortlich für die Himmelsfarbe.

Luftspiegelung

Wenn sich tief am Boden eine Luftschicht sehr erhitzt und darüber scharf abgegrenzt eine kühlere Luftschicht liegt, so wirkt die heiße Luftschicht wie ein Spiegel. Man kann das sehr oft im Sommer auf der Autobahn beobachten; dann spiegeln sich, allerdings recht flimmernd, die vorausfahrenden Wagen scheinbar auf der Fahrbahn. Sehr häufig ist die Erscheinung in der Wüste, wenn sich der Sand am Boden stark erhitzt hat. Die Spiegelung des Himmels täuscht dann oft eine Wasserfläche vor, die ganz in der Nähe zu liegen scheint. Weit entfernte Häuser oder Bäume erscheinen dadurch ebenfalls plötzlich näher gerückt. Die sogenannte Fata Morgana ist auch eine solche Luftspiegelung.

4 Unterstreiche in den folgenden Texten die Prädikate. Denke daran, dass Prädikate auch aus mehreren Teilen bestehen können.

Welchem Vogel verdanken wir die Eichen- und Buchenwälder?

Dem Eichelhäher. Der Vogel frisst nicht nur die Samen dieser Bäume, nämlich Eicheln und Bucheckern. Er vergräbt auch Massen davon in der Erde. Damit pflanzt er ganze Wälder an.

Warum haben die Afrikanischen Elefanten größere Ohren als die Indischen?

Die Afrikanischen Elefanten leben meist in Steppengebieten mit wenigen Bäumen. Sie sind der prallen Sonne ausgesetzt. Die riesigen Ohren dienen als Kühler, sie strahlen Körperwärme ab. Die Indischen Elefanten brauchen keine so großen Ohren, denn ihre Urheimat sind schattige Wälder.

Was fressen Eichhörnchen am liebsten?

Eichhörnchen fressen am liebsten Samen aus den Tannenzapfen. Pro Tag kann ein Eichhörnchen mehr als 100 Tannenzapfen ausrauben; es frisst die kleinen Samen, die unter den Schuppen des Zapfens verborgen sind. Eichhörnchen mögen auch Nüsse sehr gern, rauben aber auch Vogelnester aus und fressen die Eier. In Europa gibt es zwei Arten von Eichhörnchen: das Rote Eichhörnchen und das Grauhörnchen, das aus Amerika stammt.

Warum können Nilpferde so gut schwimmen?

Nilpferde und ihre Verwandten, die Zwergflusspferde, verbringen den größten Teil ihres Lebens im Wasser. Sie können beim Tauchen ihre Nasen verschließen. Zwischen den Zehen haben sie Schwimmhäute, mit deren Hilfe sie im Wasser

schnell vorankommen. Nilpferde sind unbehaart. Ihre empfindliche Haut schützen sie mit einem öligen Sekret, das von Hautdrüsen ausgeschieden wird. Diese „Creme" hat eine rötliche Farbe. Früher dachte man, Nilpferde würden Blut schwitzen, und stellte die Tiere in Zoos als „blutige Monster" aus.

5 Im folgenden Text fehlen die Prädikate. Die Verben, die du verwenden musst, stehen im Infinitiv unter dem Text. Trage sie in der richtigen konjugierten (gebeugten) Form in die Lücken ein.

Wie gefährlich _____ Meteoriten für Menschen?

Die Erde _____ Jahr für Jahr um etwa 10 000 Tonnen schwerer. Dieser Gewichtszuwachs _____ von Meteoriten, die auf die Erde _____ .

Die meisten dieser kleinen Himmelskörper _____ zwar als Sternschnuppen. Doch ein Teil ihrer Masse _____ als Staub auf die Erde _____ . Auch größere Teile _____ immer wieder auf die Erdoberfläche. Für einen Menschen _____ die Gefahr, von einem Meteoriten getroffen zu werden, äußerst gering. Im Durchschnitt alle 17 Jahre _____ irgendwo auf der Welt ein Mensch von einem Teilchen _____ . Der gefährlichste derartige Unfall ereignete sich im Jahr 1954 in Amerika. Damals _____ ein vier Kilogramm schwerer Brocken in ein Hausdach.

(sein, werden, stammen, stürzen, verglühen, niederregnen, fallen, sein, getroffen werden, schlagen)

Die Objekte

Viele Prädikate erfordern weitere Satzglieder, damit ein sinnvoller Satz entsteht. Zu diesen Satzgliedern gehören die Objekte. Häufig vorkommende Objekte sind das Dativobjekt und das Akkusativobjekt.

Das Dativobjekt antwortet auf die Frage: Wem?

Der Schiedsrichter zeigt dem Mittelstürmer die rote Karte.
Dativobjekt

Das Akkusativobjekt antwortet auf die Frage: Wen oder was?

Der Schiedsrichter zeigt dem Mittelstürmer die rote Karte.
Akkusativobjekt

Das Objekt kann wie das Subjekt auch aus einem Gliedsatz gebildet werden. Lies auf S. 143 nach.

6 In der folgenden Tierreportage sind einige Objekte unterstrichen. Schreibe darüber, ob es sich jeweils um ein Dativobjekt (Dat.-Obj.) oder um ein Akkusativobjekt (Akk.-Obj.) handelt.

Vitus B. Dröscher

Ein „Babyfresser" als treuer Familienvater

Vor Entsetzen stockte <u>mir</u> das Blut in den Adern. Seit den frühen Morgenstunden folgten wir im Jeep <u>einer Tigermutter namens „Noon"</u>, die <u>ihre beiden erst vier Monate alten Kinder</u> auf den ersten Entdeckungsausflügen begleitete. Da trat plötzlich ein riesiger männlicher Königstiger aus einem Dschungeldickicht heraus und trabte schnurstracks auf die Mutter-Kinder-Gruppe zu.

Bisher waren sich alle Tiger-Experten einig: Tigermänner töten <u>Tigerkinder</u>, wo immer sie <u>diese</u> treffen. Würden wir gleich <u>ein schauriges Kapitel von Kinderkannibalismus</u> erleben?

Als das fast 3,5 Meter lange und 275 Kilogramm schwere Männchen bis auf dreißig Meter herangekommen war, hopsten die beiden Kleinen hoch erfreut auf den Ankömmling zu. Einer sprang ihm auf den Rücken und leckte ihm quer durchs Gesicht. Der andere erjagte den Schwanz als „Beute". Sogleich warf sich der Tiger auf den Rücken und schon war die schönste Katzenbalgerei und Schmuserei im Gange. Nicht die Spur von einem Kindermord!

7 Im folgenden Text findest du in den Klammern jeweils drei Objekte. Streiche die unpassenden Objekte durch und schreibe anschließend über die Klammer, ob es sich um ein Dativobjekt oder um ein Akkusativobjekt handelt.

Polarfauna

In den Kältewüsten der Arktis und der Antarktis können lediglich solche Tiere leben, die sich (dem Klima, der Sonne, dem Menschen) besonders gut angepasst haben. So haben manche Fische keine (Flossen, keine roten Blutkörperchen, keine Schwimmbrillen), wodurch ihr Blut dünnflüssiger und der Blutkreislauf schneller wird. Andere Tiere, besonders Wale, haben sich (eine Höhle, nichts, eine überdimensionale Größe) zugelegt. Die tonnenschwere, oft 50 Zentimeter dicke Fettschicht um ihren Körper ist ein Schutzmittel gegen die Kälte und ein guter Nahrungs- und Energiespeicher. Der Eisbär erhält sich (seine Körpertemperatur, sein Aussehen, seine Schönheit) durch ein dichtes Fell und die Kaiserpinguine durch ein wasserabstoßendes Fett-Federn-Kleid. Wird es (ihren Weibchen, ihnen, den Eskimos) in der Sonne darin zu warm, so fressen sie (Würste, Schnee, Fische), um (ihre Ohren, den Mond, sich) etwas abzukühlen.

Der Satz und seine Glieder

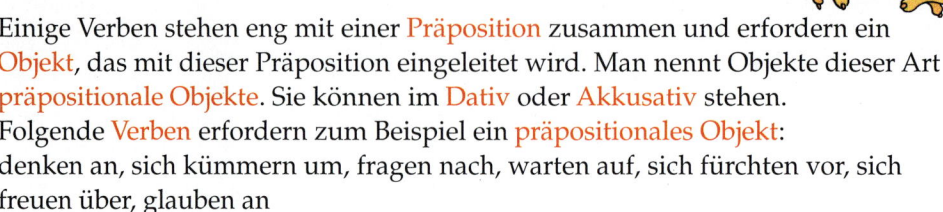

Einige Verben stehen eng mit einer Präposition zusammen und erfordern ein Objekt, das mit dieser Präposition eingeleitet wird. Man nennt Objekte dieser Art präpositionale Objekte. Sie können im Dativ oder Akkusativ stehen.
Folgende Verben erfordern zum Beispiel ein präpositionales Objekt:
denken an, sich kümmern um, fragen nach, warten auf, sich fürchten vor, sich freuen über, glauben an

Wartest du auf mich?

Ich kann über diesen merkwürdigen Witz nicht lachen.

8 Welche Präpositionen passen zu welchen Verben? Schreibe die richtigen Verbindungen wie in dem Beispiel auf.

Verben	Präpositionen
sich bedanken	vor
sich erinnern	nach
hoffen	für
sich aufregen	über
sich kümmern	an
sprechen	auf
fragen	über
sich fürchten	um

1. sich bedanken für
2.
3.
4.
5.
6.
7.
8.

Satzglieder und Satzgliedteile

9 Verwende die Ausdrücke aus der vorigen Übung jeweils für einen Satz. Unterstreiche anschließend die präpositionalen Objekte.

1. _____
2. _____
3. _____
4. _____
5. _____
6. _____
7. _____
8. _____

10 Trage in die folgenden Sätze die passenden Präpositionen ein und unterstreiche anschließend die vollständigen präpositionalen Objekte.

1. Nach der Stunde möchte ich gern noch _____ dir sprechen.
2. Möchtest du _____ dem Wettkampf teilnehmen?
3. Ich freue mich immer wieder _____ deine guten Noten.
4. Hast du dich gut _____ die Prüfung vorbereitet?
5. Lass uns noch einmal _____ das Problem sprechen.
6. Kannst du noch eine Minute _____ mich warten?
7. Ich interessiere mich _____ das Bild.
8. Warum hast du bereits _____ dem Essen angefangen?
9. Wann beginnst du _____ der Arbeit?
10. Hast du dich bereits _____ die neue Umgebung gewöhnt?

Die adverbialen Bestimmungen

Adverbiale Bestimmungen machen nähere Angaben zum Geschehen, um das es in einem Satz geht. Man spricht auch von den Umständen eines Geschehens. Wozu adverbiale Bestimmungen im Einzelnen Angaben machen können, zeigt dir die folgende Übersicht. Dort erfährst du auch etwas zu den genaueren Bezeichnungen.

adverbiale Bestimmung/ Umstandsbestimmung	Frage	lateinische Bezeichnung
des Ortes	Wo? Wohin? Woher?	Lokaladverbiale
der Zeit	Wann? Wie lange? Wie oft?	Temporaladverbiale
des Grundes	Warum? Weshalb?	Kausaladverbiale
der Art und Weise	Wie? Auf welche Art und Weise?	Modaladverbiale
des Mittels	Womit? Mit welchem Mittel?	Instrumentaladverbiale

Es gibt noch weitere adverbiale Bestimmungen. Die oben aufgelisteten kommen jedoch am häufigsten vor.
Du kannst die deutsche Bezeichnung, die lateinische oder die gemischte Bezeichnung verwenden, also z.B.:

Mike läuft schnell.
- Umstandsbestimmung der Art und Weise
- Modaladverbiale
- adverbiale Bestimmung der Art und Weise

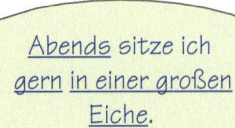

Abends sitze ich gern in einer großen Eiche.

Satzglieder und Satzgliedteile

11 Schreibe die eingeklammerten adverbialen Bestimmungen aus dem Bericht heraus und bestimme sie. Entscheide dich für eine Art der Kennzeichnung (lateinisch, gemischt, deutsch).

Ladendieb landet im Gartenteich

(In einem Gartenteich) landete (am Freitagnachmittag) ein mutmaßlicher Ladendieb bei seiner Flucht vor dem Leiter eines Kaufhauses. Wie die Polizei (gestern) berichtete, soll der 24-Jährige (zuvor) (in einem Kaufhaus) mehrere DVDs gestohlen haben. (Dort) wurde er von einer aufmerksamen Angestellten ertappt. (Rabiat) stieß er diese (gegen einen Anzugständer) und flüchtete. Verfolgt vom Marktleiter lief der Täter (in die Goethestraße) und suchte Zuflucht (in einem Vorgarten). Dabei übersah er jedoch den Gartenteich und stürzte (kopfüber) (ins Wasser). Der Marktleiter zog den völlig durchnässten Mann (mit bloßen Händen) heraus und hielt ihn (bis zum Eintreffen der Polizei) fest.

1. *in einem Gartenteich = adverbiale Bestimmung des Ortes*
2.
3.
4.
5.
6.
7.

Der Satz und seine Glieder

8. _____
9. _____
10. _____
11. _____
12. _____
13. _____
14. _____

Das Satzglied adverbiale Bestimmung kann aus unterschiedlichen Wortarten gebildet werden. Häufig sind es die folgenden:

1. Ein einzelnes Adjektiv oder Partizip: Marina fährt schnell.
2. Ein einzelnes Adverb: Marina fährt jetzt.
3. Ein Nomen und weitere Wortarten: Marina fährt heute Nachmittag.

Adjektiv und Adverb lassen sich folgendermaßen unterscheiden:
Ein Adjektiv kann im Satzzusammenhang seine Form verändern (schnell, die schnellen Autos), ein Adverb behält seine Form immer bei (heute, gestern, vielleicht, wieder ...).

 Woraus werden die unterstrichenen adverbialen Bestimmungen gebildet? Schreibe die passende Ziffer aus dem Kasten oben (1, 2 oder 3) in die Klammern.

Bauchredner

„Was macht denn Ihr Sohn, Frau Müller?" „Es geht ihm gut (   ), er ist Bauchredner und verkauft in einem Zoogeschäft (   ) Papageien."

Trauer

Zwei Regenwurmfrauen treffen sich im Garten (   ): „Wo ist denn Ihr Mann?", fragt die eine. Darauf (   ) entgegnet schluchzend (   ) die andere: „Beim Angeln."

Missverständnis

Herr Müller verliert <u>in Paris</u> ( ) seine Brieftasche <u>auf einer Straße</u> ( ). Er meldet den Verlust <u>sofort</u> ( ) <u>auf dem nächsten Polizeirevier</u> ( ) und fährt <u>dann</u> ( ) <u>mit dem Auto</u> ( ) <u>nach Hause</u> ( ).
Als er <u>nach Wochen</u> ( ) <u>wieder</u> ( ) <u>nach Paris</u> ( ) kommt, sieht er <u>in der Straße, in der er seine Brieftasche verloren hat</u>, ( ) eine riesige Baustelle.
<u>Erstaunt</u> ( ) meint er zu sich selbst: „Na, das wäre aber nicht nötig gewesen!"

Aus dem einfachen Satzglied adverbiale Bestimmung kannst du oft einen Gliedsatz machen. Lies im Kapital Adverbialsätze auf S. 107 nach.

Die Attribute

Attribute haben im Satz fast immer die Aufgabe, ein Nomen/Substantiv näher zu bestimmen.

der Garten: der gepflegte Garten, der Garten unseres Nachbarn, der Garten ohne Umzäunung

Attribute sind keine eigenständigen Satzglieder. Man nennt sie Satzgliedteile, weil man mit ihnen Satzglieder erweitern kann.
Attribute stehen entweder vor oder hinter ihrem Bezugsnomen.

Die wichtigsten Attributarten sind:

1. Adjektivattribut: die schnurrige Katze
2. Genitivattribut: die Katze meiner Schwester
3. präpositionales Attribut: die Katze mit dem Milchbart
4. Apposition: die Katze, dieses geschmeidige Wesen, …
5. Attributsatz: die Katze, die mit der Maus spielt, …

Der Satz und seine Glieder

13 Welche Attributart liegt bei den folgenden Ausdrücken jeweils vor? Schreibe die passenden Ziffern aus dem Kasten zuvor in die Klammern. Unterstreiche das jeweilige Bezugsnomen und kennzeichne das Attribut mit einer Wellenlinie.

- ein himmlisches Wetter ( )
- die Katze mit dem Samtfell ( )
- das Fahrrad, das unserem Nachbarn gehört, ... ( )
- die Haustür mit der Metallklinke ( )
- Jonas, mein Freund, ... ( )
- die schwarzen Schuhe meines Vaters ( ) ( )

14 Verwende die Ausdrücke jeweils in einem kurzen Satz.

- _____
- _____
- _____
- _____
- _____
- _____

15 In der folgenden Beschreibung sind einige Attribute mit einer Wellenlinie versehen. Unterstreiche die Bezugsnomen, die durch die Attribute näher erklärt werden.

Wasserkuppe

Stelle ein Schnapsglas, das knapp bis zum Rand mit Wasser gefüllt ist ( ), auf den Tisch und lege eine dünne ( ) Korkscheibe an den Rand des Wassers ( ). Wie lässt sich der Korken, ohne dass man ihn berührt, genau auf die Mitte des Glases ( ) befördern?

Gieße mithilfe eines Röhrchens tropfenweise Wasser auf das Glas, bis sich auf ihm ein Was-

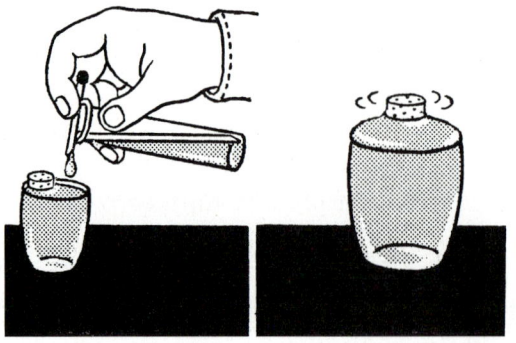

serberg bildet. Anfangs hält die Schwerkraft den Korken am Rand der leicht gewölbten Oberfläche ( ). Gießt du mehr nach, wird die Adhäsion, die Anziehungskraft zwischen den Molekülen des Wassers und des Korkens ( ), stärker wirksam, und er wird regelrecht auf die Kuppe des Berges ( ) hinaufgezogen.

16 Um welche Attributarten handelt es sich bei den im Text markierten? Schreibe wie in der Übung 1 die passende Ziffer in die Klammern.

17 Julia möchte gern ihr Fahrrad verkaufen und eine Anzeige in die Zeitung setzen. Die Dame, die für die Anzeigen zuständig ist, ist ihr behilflich und stellt ihr zunächst einige Fragen, aus denen die beiden einen kurzen, stichwortartigen Anzeigentext verfassen. Schreibe diesen Text auf.

- Um welchen Fahrradtyp handelt es sich? – Tourenrad.
- Wie alt ist das Fahrrad? – Neuwertig (ein Jahr alt).
- Welche Farbe hat das Rad? – Blau.
- Von welcher Marke ist das Fahrrad? – Ein Fahrrad der Marke „Sprinter".
- Hat es Besonderheiten? – Schwarze Fahrradtasche als Zubehör.
- Wie teuer ist das Fahrrad? – 180 €.

Zu verkaufen

Verkaufe neuwertiges, _____

_____

_____

18 Versieh in deiner Anzeige alle Attribute mit einer Wellenlinie und unterstreiche die Bezugsnomen.

19 Im folgenden Text fehlen die Attribute. Trage sie in die Lücken ein. In vertauschter Reihenfolge sind sie unter dem Text aufgelistet.

Treibstoff-Seife

Spalte ein Zündholz am _____ Ende leicht auf und

drücke etwas _____ Seife in den Schlitz. Legst

du das Holz in einen Teller _____ , bewegt es sich eine ganze Weile rasch vorwärts. In einer Badewanne können _____ Hölzchen sogar ein Wettrennen machen. Die _____ Seife zerstört die Oberflächenspannung _____ nach und nach. Es kommt zu einer Bewegung der Flüssigkeitsmoleküle nach hinten, die als Gegenwirkung ein Vorschnellen _____ zur Folge hat.

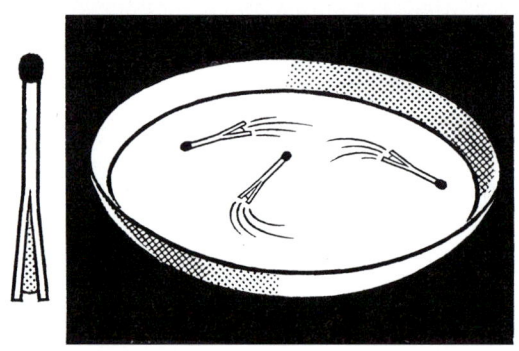

Mit einem Tropfen Spülmittel anstelle der Seife würde die Bewegung blitzartig erfolgen.

(des Hölzchens, mit Leitungswasser, weiche, sich allmählich auflösende, hinteren, mehrere, des Wassers)

Über Attributsätze kannst du Genaueres auf den Seiten 148–154 nachlesen.

Satzreihe und Satzgefüge

Die Satzreihe

Eine Satzreihe besteht aus zwei oder mehr Hauptsätzen, die auf unterschiedliche Weise miteinander verbunden sein können. Zwischen den Hauptsätzen kann ein Punkt, Komma oder Semikolon stehen.

Lukas will heute am Computer spielen. Janna hat dazu keine Lust.
Lukas will heute am Computer spielen, Janna hat dazu keine Lust.
Lukas will heute am Computer spielen; Janna hat dazu keine Lust.
Lukas will heute am Computer spielen, aber Janna hat dazu keine Lust.

Es gibt keine feste Regel, wann ein Punkt, ein Semikolon oder ein Komma steht. Der Punkt trennt die Sätze etwas stärker voneinander als zum Beispiel das Komma.

Das letzte Beispiel zeigt dir, dass die Hauptsätze einer Satzreihe auch durch eine nebenordnende (gleichordnende) Konjunktion (Verbindungswort) verbunden sein können.
Wichtige nebenordnende Konjunktionen sind: und, oder, aber, trotzdem, deshalb, darum, doch, denn, jedoch ...

Vor **und** oder **oder** kannst du bei einer Satzreihe ein Komma setzen, musst es aber nicht!

1 Füge jeweils einen Satz aus der linken Spalte mit einem passenden Satz aus der rechten Spalte zu einer Satzreihe zusammen. Entscheide selbst, ob du einen Punkt, ein Semikolon oder ein Komma setzen willst. Achte auf den Tipp der Eule.

• Draußen regnet es	• O/oder bist du schon satt
• Im Herbst ziehen viele Vögel nach Süden	• D/denn er muss seinem Vater beim Hausputz helfen
• Ayse hat einen Schnupfen	• D/deshalb unternehmen sie vieles gemeinsam
• Martin kann leider nicht kommen	• I/im Frühjahr kehren sie zurück
• Jonas und Maja sind befreundet	• T/trotzdem geht sie zum Schwimmtraining
• Möchtest du noch etwas Quark	• D/drinnen ist es gemütlich warm

Der Satz und seine Glieder

-
-
-
-
-
-

2 Verbinde folgende Satzreihen durch eine passende Konjunktion aus dem Kasten auf der vorigen Seite.

- Mareike liest in der Zeitung, Pauline kümmert sich um das Abendessen.

- Unser Hund bellt sehr oft, er hat noch niemanden gebissen.

- Karla hat Ärger mit ihren Eltern; sie telefoniert den ganzen Tag mit ihrer Freundin.

Das Satzgefüge

Was ist ein Satzgefüge?

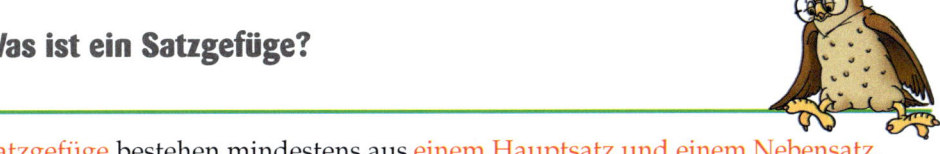

Satzgefüge bestehen mindestens aus einem Hauptsatz und einem Nebensatz, den man auch Gliedsatz nennt.

Ich kaufe ein Geschenk, weil ich zum Geburtstag eingeladen bin.
    Hauptsatz   *Nebensatz/Gliedsatz*

Nebensätze/Gliedsätze kannst du folgendermaßen erkennen:
- Sie können nicht alleine stehen, sondern sind vom Hauptsatz abhängig.
- Sie werden durch ein einleitendes Wort mit dem Hauptsatz verbunden.
- Das Prädikat steht immer am Schluss.

Nebensätze/Gliedsätze werden durch ein Komma vom Hauptsatz abgetrennt.

3 Unterstreiche in den folgenden Sätzen den Hauptsatz, kennzeichne den Nebensatz/Gliedsatz mit einer Wellenlinie und kreise das Wort, mit dem der Nebensatz/Gliedsatz eingeleitet wird, ein.

- Jonas geht regelmäßig zum Judotraining, das in der Turnhalle seiner Schule stattfindet.
- Er trainiert einmal pro Woche, damit er an Wettkämpfen erfolgreich teilnehmen kann.
- Jede Übungsstunde beginnt mit einer Aufwärmung, weil sich die Sportler ansonsten verletzten könnten.
- Jonas trägt im Moment den Titel eines Kreismeisters, weil er das letzte Turnier gewonnen hat.
- Er blieb in vier von fünf Kämpfen Sieger, obwohl er noch relativ klein und leicht ist.
- In einem Jahr wird sich Jonas zur Blaugurt-Prüfung anmelden, weil er dann das geforderte Alter erreicht hat.
- Er ist sich allerdings noch nicht sicher, wann die Prüfung genau stattfinden wird.
- Der sportbegeisterte Junge weiß allerdings schon heute, dass er daran teilnehmen wird.

Der Satz und seine Glieder

Die Stellung der Nebensätze/Gliedsätze zum Hauptsatz

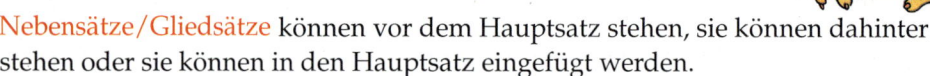

Nebensätze/Gliedsätze können vor dem Hauptsatz stehen, sie können dahinter stehen oder sie können in den Hauptsatz eingefügt werden.

1. Obwohl der Krimi so spannend ist, gehe ich jetzt lieber ins Bett.
      Nebensatz/Gliedsatz   Hauptsatz

2. Ich gehe jetzt lieber ins Bett, obwohl der Krimi sehr spannend ist.
      Hauptsatz   Nebensatz/Gliedsatz

3. Ich gehe, obwohl der Krimi sehr spannend ist, jetzt lieber ins Bett.
    Hauptsatz   Nebensatz/Gliedsatz   Hauptsatz

4 Wie stehen Hauptsatz und Gliedsatz in den folgenden Satzgefügen zueinander? Trage in die Klammern eine 1 ein, wenn der Nebensatz/Gliedsatz vor dem Hauptsatz steht. Trage eine 2 ein, wenn er hinter dem Hauptsatz steht, und eine 3, wenn er in den Hauptsatz eingeschoben ist.

Die Welt der Bücher

Bücher waren vor Jahrhunderten so teuer, dass nur sehr reiche Menschen sie sich leisten konnten. ( ) Ein Buch, das künstlerisch gestaltet war, hatte den Wert einer Kutsche. ( ) Es gab jedoch auch Bücher, die entschieden mehr wert waren. ( ) Bevor Johannes Gutenberg den Buchdruck mit beweglichen Lettern erfand, wurden Bücher mit der Hand von Mönchen abgeschrieben. ( ) Wenn mehrere Bücher gleichzeitig vervielfältigt werden sollten, diktierte ein Mönch den Text. ( ) Dieser Mönch, der auch Diktator genannt wurde, saß oder stand an einem Pult. ( ) Die Schreibweise der Wörter war natürlich ganz unterschiedlich, da es noch keine einheitliche Rechtschreibung gab. ( )

Gutenberg-Bibel

So kam es, dass viele Bücher trotz des gleichen Inhalts ganz unterschiedlich geschrieben waren. ( )

Der Einband dieser Bücher, der aus Holz oder Leder bestand, wurde eigens von Handwerkern hergestellt. ( )

Weil es keine Schulen gab, konnten nur wenige gebildete Menschen zu dieser Zeit lesen. ( ) Zudem wollten es viele Fürsten nicht, dass ihre Untertanen lesen lernten. ( ) Sie befürchteten nämlich, dass sie auf diesem Weg ihre Macht verlieren würden. ( ) Auch in den Klöstern hatten nicht alle Mönche Zutritt zu den Bibliotheken, die vielfach sehr prunkvoll ausgestattet waren. ( )

Komplexe Satzgefüge

Ein Satzgefüge kann auch aus einem Hauptsatz und aus mehreren Nebensätzen/Gliedsätzen bestehen. In diesem Fall spricht man von einem komplexen Satzgefüge.

Weil das Training, das normalerweise einmal in der Woche stattfindet,
Nebensatz/Gliedsatz 1   *Nebensatz/Gliedsatz 2*

heute ausfällt, besucht Karin ihre Freundin Anna,
Nebs./Glieds. 1   *Hauptsatz*

die in der Nähe wohnt und zufällig zu Hause ist.
       Nebensatz/Gliedsatz 3

In einem komplexen Satzgefüge musst du besonders auf die Kommasetzung achten. Du kennst bereits folgende Regel: Hauptsatz und Gliedsatz werden durch Kommas voneinander abgetrennt.

Auch die Gliedsätze werden durch Kommas voneinander abgetrennt, wenn sie nicht gleichrangig (gleichartig) sind und durch *und* oder *oder* verbunden sind.

Weil du fleißig warst und weil ich mich auf dich verlassen kann, erlaube ich dir, dass du zur Party gehst und dass du bei Anna übernachtest.

Der Satz und seine Glieder

5 Unterstreiche in den folgenden komplexen Satzgefügen die Hauptsätze und kennzeichne die Gliedsätze mit einer Wellenlinie.

- Ein Reagenzglas ist ein hohes, schmales Gefäß, das man zum Beispiel benötigt, wenn man kleine Flüssigkeitsmengen mischen will.
- Am besten lernt man, wenn man im Unterricht selbst herausfinden kann, wie ein Problem zu lösen ist.
- Schülerinnen und Schüler, die im Chemieunterricht mit gefährlichen Flüssigkeiten experimentieren, müssen natürlich Schutzbrillen tragen, weil die Sicherheitsvorkehrungen dieses verlangen und weil sie sich ansonsten verletzen könnten.
- Manchmal geht ein Experiment auch daneben, obwohl die Lehrkraft, die gerade unterrichtet, den Versuch sorgfältig aufgebaut hat.
- Weil Schülerinnen und Schüler gern schadenfroh sind, amüsieren sie sich zuweilen darüber, dass etwas nicht klappt.
- Lehrer und Lehrerinnen, die Humor haben, machen sich nichts daraus, wenn ihre Schüler über sie schmunzeln oder lachen.

6 Verfahre wie in der Übung zuvor. Zusätzlich musst du jedoch die Kommas setzen.

- Meike hat im Physikunterricht gelernt dass sich Stoffe ausdehnen wenn sie erhitzt werden.
- Eine Brücke die eine große Spannweite hat erhält deshalb sogenannte Dehnungsfugen die verhindern dass bei Temperaturschwankungen Risse entstehen.
- Obwohl es kaum vorstellbar ist dehnt sich eine massive Betonbrücke um mehrere Zentimeter wenn sie von der Sonne beschienen wird.
- Falls du einmal in einer warmen Holzhütte übernachtest wirst du es auch erleben dass sich das Holz bei Kälte in der Nacht zusammenzieht und knarrt.
- Durch einfache Experimente kann man herausfinden dass sich nicht alle Stoffe in gleicher Weise ausdehnen wenn sie erwärmt werden.

- Weil sich flüssige und feste Stoffe unterschiedlich ausdehnen geschieht es dass eine Flasche mit Sprudel im Eisfach zerplatzt.
- Natürlich ist es ein Gerücht dass die Weihnachtsferien so kurz sind weil es im Winter so kalt ist.

7 Der folgende Text enthält ebenfalls ein komplexes Satzgefüge. Unterstreiche den Hauptsatz, kennzeichne die Gliedsätze mit einer Wellenlinie und setze die Kommas.

Man muss das Kind beim Namen nennen

Da sich die Eltern eines englischen Mädchens einfach nicht entscheiden konnten welcher Name wohl der passendste für ihre Tochter sei gaben sie dem Kind kurzerhand alle Namen die ihnen gut gefielen. Da kam einiges zusammen. Schließlich wurden am Standesamt nicht weniger als 140 Namen für das Mädchen registriert.

8 Manchmal ist es sinnvoll, mit Satzgefügen zu arbeiten, um einen Text sprachlich interessanter zu gestalten. Der folgende Bericht besteht nur aus Satzreihen. Überarbeite ihn, indem du mehrere Hauptsätze verbindest und Satzgefüge bildest.

Die Rache der Heringe
Ein großer Heringsschwarm kämpfte erfolgreich um sein Überleben. Er war einem norwegischen Fischerboot ins Netz gegangen. Die Heringe verspürten offensichtlich den Druck und die Enge des Netzes. Sie tauchten unter dem Boot hindurch und versenkten es so. Der Fischer hatte das Boot erst wenige Monate zuvor gekauft. Er konnte sofort aus dem Wasser gezogen werden. Andere Fischerboote befanden sich in unmittelbarer Nähe.

Die Rache der Heringe

Die unterschiedlichen Nebensätze/Gliedsätze

Nebensätze heißen so, weil sie einem Hauptsatz untergeordnet sind. Sie sind von dem Hauptsatz abhängig und spielen grammatisch eine „Nebenrolle".
Nebensätze bezeichnet man auch als Gliedsätze, weil sie im Textzusammenhang die Aufgabe von Satzgliedern übernehmen.
Die wichtigsten Nebensatzarten/Gliedsatzarten sind:

1. Der Adverbialsatz
2. Der Subjektsatz
3. Der Objektsatz
4. Der Relativsatz oder Attributsatz

Es gibt noch andere Bezeichnungen, aber im Kasten stehen die wichtigsten und gebräuchlichsten.

Satzreihe und Satzgefüge

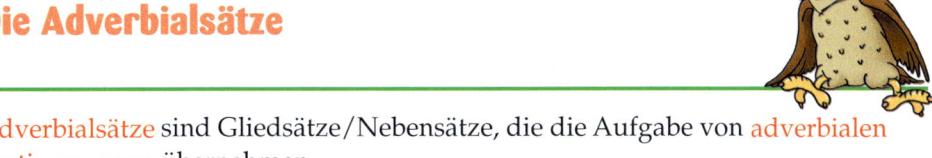

Die Adverbialsätze

Adverbialsätze sind Gliedsätze/Nebensätze, die die Aufgabe von adverbialen Bestimmungen übernehmen.
Sie machen Angaben über die näheren Umstände eines Geschehens (Zeit, Begründung, Folge, Art und Weise, Zweck ...).

<u>Ich gehe nicht ins Kino</u>, <u>weil ich noch für die Englischarbeit üben muss.</u>
    Hauptsatz   *Adverbialsatz*

Adverbialsätze werden fast immer durch unterordnende Konjunktionen (Verbindungswörter) eingeleitet.
Die unterordnenden Konjunktionen verdeutlichen, wie das, was im Nebensatz/Gliedsatz steht, inhaltlich gemeint ist. Wird zum Beispiel eine Begründung gegeben, ein Zeitpunkt genannt, eine Bedingung formuliert usw.?

Häufig verwendete unterordnende Konjunktionen sind: nachdem, als, bevor, sobald, während, bis, wenn, weil, da, falls, obwohl, damit, sodass ...

9 Kennzeichne in den folgenden Satzgefügen die Adverbialsätze mit einer Wellenlinie und kreise die unterordnenden Konjunktionen ein. Schreibe anschließend darunter, was in den Gliedsätzen inhaltlich ausgedrückt wird. Verwende dafür folgende Begriffe: Zeitpunkt, Begründung, Bedingung, Zweck.

- In zwei Stunden werden wir bereits bei euch sein, (weil) die Autobahn frei ist.

  Begründung

- Als der Sänger die Bühne betrat, klatschte das Publikum.

- Sportler wärmen sich gut auf, damit sie sich nicht verletzen.

- Meike darf nur zum Konzert, wenn sie ihre Hausaufgaben gemacht hat.

- Nachdem wir uns ausgesprochen haben, ist alles geklärt.

Der Satz und seine Glieder

- Da Jonas erkrankt ist, muss er leider die Teilnahme am Tennisturnier absagen.

- Ich fahre los, sobald du angerufen hast.

- Damit Claudia sich nicht fürchtet, lassen ihre Eltern das Licht brennen.

- Du kannst es schaffen, wenn du weiter so fleißig übst.

10 Im folgenden Text fehlen die unterordnenden Konjunktionen: nachdem, bevor, weil, obwohl, dass, als, bis, sodass, damit. Trage sie in die Lücken ein. Es gibt manchmal mehrere Möglichkeiten.

In der Jugendherberge

Die Klasse 7c besuchte vor einigen Wochen mit ihrem Klassenlehrer, Herrn Berger, eine Jugendherberge im Odenwald. _____ es losgehen konnte, musste sehr viel organisiert werden. Aber schließlich war es so weit und die Klasse kam an der Herberge an. Alle waren begeistert, _____ die Zimmer so modern eingerichtet waren. Nur Markus hatte einige Probleme. Er kämpfte nämlich eine halbe Stunde mit seinem Bettbezug, _____ ihm seine Mutter genau gezeigt hatte, wie man ein Bett bezieht.

_____ alle ausgepackt hatten, wurde erst einmal gegessen. Danach durften die Schülerinnen und Schüler in Dreiergruppen die Gegend erkunden. Anke, Christoph und Mareike wagten sich sehr weit in den

Satzreihe und Satzgefüge 109

Wald hinein, _____ sie beinahe nicht zurückgefunden hätten. Schließlich gelang es ihnen jedoch, _____ sie einen Waldarbeiter nach dem richtigen Weg gefragt hatten.

In der Nacht dauerte es sehr lange, _____ die meisten eingeschlafen waren. Nur die Jungen aus Zimmer 5 blieben die ganze Nacht über wach und spielten heimlich Karten. Am anderen Tag waren sie so müde, _____ sie im Museum beinahe eingeschlafen wären. Herr Berger kannte jedoch keine Gnade. Am Abend durften die Jungen sogar noch den Spüldienst übernehmen, _____ sie ihre Energien austoben könnten, wie Herr Berger meinte.

Häufig kann man aus dem Satzglied *adverbiale Bestimmung* (Umstandsbestimmung/Adverbiale) einen *Adverbialsatz* machen.

(Wegen eines Sportfestes) fällt der Unterricht aus.
   adverbiale Bestimmung

Weil ein Sportfest stattfindet, fällt der Unterricht aus.
   Adverbialsatz

---

11 Formuliere wie in dem Beispiel oben die eingeklammerten adverbialen Bestimmungen jeweils in einen Adverbialsatz um. Es soll sich nur die sprachliche Form ändern, nicht der Inhalt. Achte auf die Kommasetzung.

● (Nach der Pause) begeben sich alle Schülerinnen und Schüler der 7 c sofort in den Klassenraum.

Nachdem _____

Der Satz und seine Glieder

- Der Klassenlehrerin wollen sie (wegen ihres Geburtstages) ein Ständchen bringen.

- (Beim Öffnen der Tür) beginnen alle lautstark „Happy birthday" zu singen.

- Es erscheint jedoch (wegen einer Reparatur des Wasserhahns) der Hausmeister.

- (Vor Schreck) lässt er seine Werkzeugtasche fallen.

So, wie es **verschiedene adverbiale Bestimmungen (Umstandsbestimmungen)** gibt, gibt es auch **unterschiedliche Adverbialsätze mit unterschiedlichen Bezeichnungen**. Wenn du einen Adverbialsatz näher bestimmen willst, schaust du dir am besten zunächst genau an, was er inhaltlich zum Ausdruck bringt und welche Konjunktion verwendet wird.

Hilfreich ist es, wenn du wie bei den adverbialen Bestimmungen die Satzgliedfragen stellst (Wann? Warum? Auf welche Art und Weise? ...).

Sinnvoll ist es, wenn du auch die lateinischen Bezeichnungen auswendig lernst. Eine Übersicht findest du auf S. 134.

Satzreihe und Satzgefüge

Der Temporalsatz (Adverbialsatz der Zeit)

Temporalsätze machen eine Aussage über einen Zeitpunkt oder eine Zeitdauer. Die häufigsten Konjunktionen sind:
als, nachdem, bevor, wenn, während, sobald, seit, ehe, bis ...

Nachdem wir eingekauft hatten, gingen wir ins Kino.
    Temporalsatz   *Hauptsatz*

Nach dem Temporalsatz fragt man: Wann? Wie lange? Bis wann? Seit wann?

12 Kombiniere jeweils einen Temporalsatz aus dem linken Kasten mit einem Hauptsatz aus dem rechten Kasten, sodass sinnvolle Satzgefüge entstehen. Vergiss nicht, die Kommas zu setzen. Kennzeichne anschließend die Temporalsätze mit einer Wellenlinie und kreise die Konjunktionen ein.

• Seit meine Schwester einen Freund hat	• verknoteten die Mädchen heimlich alle Handtücher.
• Als es anfing zu regnen	• dürfen wir den Klassenraum nicht verlassen.
• Bevor es klingelt	• solltest du kalt duschen.
• Nachdem wir gegessen hatten	• holten wir unsere Schirme aus der Tasche.
• Während die Jungen schliefen	• gingen wir auf unsere Zimmer.
• Ehe du ins Wasser springst	• ist sie kaum noch zu Hause.

Der Satz und seine Glieder

-
-

13 Kennzeichne in den folgenden Berichten aus der Zeitung alle Temporalsätze mit einer Wellenlinie und kreise die Konjunktionen ein. Im ersten Bericht sind zwei Temporalsätze enthalten, im zweiten vier.

Gartenzwerge – Ein Fall für die Polizei

Die Polizei im niedersächsischen Landkreis Northeim muss sich erneut mit Gartenzwergen befassen. Nachdem in den vergangenen Jahren immer wieder im großen Stil Wichtel gestohlen wurden, habe diesmal ein unbekannter Täter einen Anschlag auf Gartenzwerge verübt, teilte die Polizei mit. Der Unbekannte habe sieben Zwerge durch Steinwürfe zerstört. Als sich im Sommer 2000 Wichteldiebstähle häuften, hatte die Polizei in Bad Gandersheim eine „Soko Vorgartenkiller" eingerichtet.

Wilde Verfolgungsjagd

Am frühen Dienstagmorgen gegen 3 Uhr fiel einer Polizeistreife der Wache Schloss Neuhaus auf der Bundesstraße 64 ein VW-Golf auf, dessen Fahrer eine unsichere Fahrweise an den Tag (bzw. die Nacht) legte. Als die Beamten ihn anhalten wollten, gab er Gas und raste mit stark überhöhter Geschwindigkeit in Richtung Delbrück. An der Einmündung der Graf-Meerfeldt-Straße bog er nach links in Richtung Anreppen ab. Auf der kurzen Strecke kam der Golf mehrfach von der Fahrbahn ab, ehe der Fahrer in einen Feldweg einbog. An dessen Ende drehte er noch mehrere Runden auf einem Rapsfeld und gab dann auf.

Widerstandslos ließ sich der 24-Jährige festnehmen. Er stand Polizeiangaben zufolge unter Alkoholeinfluss, besaß keinen Führerschein und wurde mit Haftbefehl gesucht. Nachdem ihm eine Blutprobe entnommen worden war, landete der Verkehrsrowdy im Polizeigewahrsam, ehe er gestern in eine Justizvollzugsanstalt verlegt wurde.

Der Kausalsatz (Adverbialsatz des Grundes)

Mit Kausalsätzen kannst du eine Handlung oder einen Zustand begründen. Kausalsätze werden durch folgende Konjunktionen eingeleitet: da, weil

Ich komme etwas später, weil ich noch meine Hausaufgaben machen muss.
    Hauptsatz   *Kausalsatz*

Nach einem Kausalsatz fragt man: Warum? Weshalb? Wieso?

14 Im Folgenden erfährst du immer etwas über eine Handlung oder einen Zustand. Schreibe wie in dem Beispiel mithilfe eines Kausalsatzes jeweils eine passende Begründung dazu auf. Die Stichworte in Klammern helfen dir dabei.

- Blumen brauchen Wasser, *weil sie ansonsten vertrocknen.*
- Jeder Mensch sollte regelmäßig Sport treiben, *da* _____
  _____ (Gesundheit und Spaß)
- Fahre möglichst oft mit öffentlichen Verkehrsmitteln, _____
  _____ (Umweltschutz)
- Klaus kommt nicht mit zum Schwimmen, _____
  _____ (Erkältung)
- Der Mond leuchtet in der Nacht, _____
  _____ (Sonne strahlt ihn an)
- Die Maus verkriecht sich in ihr Loch, _____
  _____ (Katze)

- Unsere Lehrerin lobt mich, _____
_____ (gute Klassenarbeit)

- Am Samstag treffen wir uns bei Jana, _____
_____ (Geburtstag feiern)

15 Versieh im folgenden Text alle Kausalsätze mit einer Wellenlinie und kreise die Konjunktionen ein.

Grasfrösche

Grasfrösche tragen ihren Namen nicht, weil sie grasgrün sind. Sie gehören zu den Braunfröschen. Sie heißen so, weil sie sich in feuchten Wiesen und Wäldern aufhalten. Einmal im Jahr machen sie sich auf den Weg zu dem Gewässer, aus dem sie gekommen sind. Dieser Weg ist sehr gefährlich, da die Tiere befahrene Straßen überqueren müssen. Deshalb sorgen Tierschützer für Krötenzäune und kleine Tunnel, die die Gefahr verringern. Weil der Lebensraum der Frösche immer stärker eingeengt wird, werden außerdem von Umweltschutzorganisationen Feuchtgebiete angelegt.

16 Arbeite wie in der vorigen Übung. Zusätzlich musst du noch die Kommas in den Satzgefügen setzen.

Der Luchs

Vor 100 Jahren wurde in der Schweiz und in Deutschland der Luchs ausgerottet weil man ihn für einen gefährlichen Wilddieb hielt. In Wirklichkeit erbeuten Luchse im Jahr viel weniger Rehe als zum Beispiel Jäger. Da Luchse in unseren Breiten wieder heimisch gemacht werden sollen haben Umweltschutzorganisationen seit 1970 spezielle Programme dafür entwickelt. In der Schweiz leben inzwischen wieder 120–150 Luchse; aber auch in einigen Regionen Deutschlands sind die Tiere wieder zu finden. Ihre genaue Zahl kennt man nicht weil Luchse sehr scheu sind und den Kontakt mit Menschen meiden.

Missverständnis

„Der Trainer hat mich gelobt!"

„Warum das denn?"

„Du bist mein bestes Pferd im Stall weil du immer so viel Mist machst!", hat er gesagt.

Verschluckt

Rita hustet ganz heftig am Mittagstisch weil sie zu schnell gegessen hat.

„Hast du dich verschluckt, Rita?", fragt die Mutter besorgt.

„Nein, ich bin noch da, Mami!"

Der Konditionalsatz (Adverbialsatz der Bedingung)

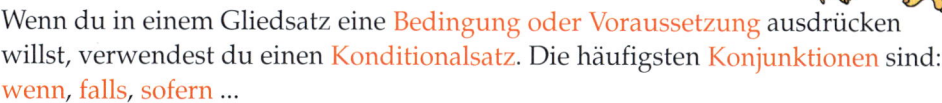

Wenn du in einem Gliedsatz eine Bedingung oder Voraussetzung ausdrücken willst, verwendest du einen Konditionalsatz. Die häufigsten Konjunktionen sind: wenn, falls, sofern ...

Wir fahren ins Freibad, wenn sich das Wetter nicht verschlechtert.
   Hauptsatz   *Konditionalsatz*

Nach einem Konditionalsatz fragt man: Unter welcher Bedingung?

Frag mich, falls du es nicht verstehst.

Der Satz und seine Glieder

17 Im Folgenden ist immer eine Bedingung in Form eines Konditionalsatzes genannt. Ergänze jeweils einen passenden Hauptsatz.

- Wenn Wasser auf eine heiße Herdplatte tropft, _____

- Falls ein Spieler im Strafraum gefoult wird, _____

- Wenn du zu viele Süßigkeiten isst, _____

- Falls du dich beim Sport nicht richtig aufwärmst, _____

- Wenn du täglich eine kleine Rechtschreibübung machst, _____

- Wenn ich mit dem Fingernagel über die Tafel kratze, _____

18 Nun geht es umgekehrt. Im Folgenden wird jeweils eine Aussage gemacht, zu der du eine passende Bedingung formulieren sollst.

- Zimmerpflanzen vertrocknen, *wenn man* _____

- Gehe an einer Ampel nur über die Straße, _____

- Es kommt sehr schnell zu einem Auffahrunfall, _____

- Du benötigst auf jeden Fall geeignetes Schuhwerk, _____

19 Kennzeichne in den folgenden Texten die Konditionalsätze mit einer Wellenlinie.

Kurzsichtig – weitsichtig – durchsichtig

Kurzsichtige Menschen können gut sehen, wenn sich das Objekt unmittelbar in ihrer Nähe befindet. Weiter entfernt liegende Dinge können sie jedoch nur unscharf erkennen. Bei Weitsichtigen ist es umgekehrt. Falls sie zum Beispiel in der Zeitung lesen wollen, benötigen sie eine Lesebrille. Gegenstände, die weit entfernt sind, können sie dagegen gut erkennen. Beide Gruppen können gar nichts sehen, sofern die Brillengläser nicht durchsichtig sind.

Gibt es Brillen gegen Farbenblindheit?

Wenn jemand von Geburt an farbenblind (farbenfehlsichtig) ist, so kann diese Behinderung nicht geheilt werden. Es gibt auch keine Brillen, die Farbenblindheit ausgleichen. Trotzdem kommen fast alle Farbenblinden im Leben gut zurecht – auch im Straßenverkehr. Die Ampellichter sind stets gleich angeordnet: oben Rot, in der Mitte Gelb und unten Grün. So kann man gut erkennen, welches Licht aufleuchtet, auch wenn man Rot und Grün nicht unterscheiden kann. „Rot" ist einfach „oben". Allerdings gibt es einige Berufe, die Farbenblinde nicht ausüben dürfen. Sie können keine Flugzeugpiloten, Berufskraftfahrer oder Lokomotivführer werden.

Der Konsekutivsatz (Adverbialsatz der Folge)

Mit einem Konsekutivsatz kannst du ausdrücken, welche Folge sich aus einem Zustand oder einer Handlung ergibt. Die häufigsten Konjunktionen sind: sodass (auch: so dass), dass. Das Wort so kann entweder im Hauptsatz stehen oder Teil der Konjunktion sein.

Es regnet so heftig, dass die Autos auf den Randstreifen fahren müssen.
    Hauptsatz   *Konsekutivsatz*

Es schneit heftig, sodass ich nicht kommen kann.
    Hauptsatz   *Konsekutivsatz*

Nach einem Konsekutivsatz fragt man: Welche Folge ergibt sich? Was folgt daraus?

118 Der Satz und seine Glieder

20 Welche Folgen könnten sich aus den folgenden Handlungen oder Zuständen ergeben?

- Britta trainiert ganz intensiv für den Wettkampf, *sodass sie* _____

- Der Fluss war so tief, _____

- Der Dackel sah so lustig aus, _____

- Jules Telefon ist repariert worden, _____

- Lukas findet das Buch so spannend, _____

- Janna ist so erkältet, _____

21 Verbinde wie in dem Beispiel die folgenden Satzreihen zu Satzgefügen. Aus dem zweiten Hauptsatz sollst du jeweils einen Konsekutivsatz machen. Verwende dafür die Konjunktion *sodass*. Achte auf die Zeichensetzung.

Im Zirkus
a) Der Akrobat zeigte ein sehr gefährliches Kunststück. Die Zuschauer hielten den Atem an.
b) Die Clowns machten lustige Bewegungen. Alle mussten laut lachen.

c) Der Bär fuhr gehorsam auf einem Motorrad. Er bekam vom Dompteur eine Belohnung.
d) Das Zirkusorchester begann nach der Pause sehr laut mit einem Tusch. Alle erschraken sich.
e) Der Affe war offensichtlich sehr müde. Er schlief auf seinem Stuhl ein.
f) Die Zuschauer waren äußerst begeistert. Sie applaudierten am Schluss stehend.

a) Der Akrobat zeigte ein sehr gefährliches Kunststück, sodass die Zuschauer den Atem anhielten.

b)

c)

d)

e)

f)

Der Satz und seine Glieder

Der Finalsatz (Adverbialsatz des Zweckes)

Mit einem Finalsatz kannst du den Zweck oder die Absicht angeben, die mit einer Handlung verbunden ist. Die wichtigsten Konjunktionen sind: damit, auf dass ...

Vor dem Spiel wärmen wir uns auf, damit wir uns nicht verletzen.
    Hauptsatz   *Finalsatz*

Nach einem Finalsatz fragt man: Zu welchem Zweck? Mit welcher Absicht? Wozu?

Ich erhebe mich in die Lüfte, damit mich jeder sehen kann.

22 Verbinde jeweils einen Hauptsatz aus dem linken Feld mit einem Finalsatz aus dem rechten Feld, sodass ein sinnvolles Satzgefüge entsteht. Achte auf die Kommasetzung.

• Trage während der Dunkelheit helle Kleidung	• damit du der Gefahr ins Auge sehen kannst.
• Geh auf der linken Straßenseite	• damit niemand gefährdet wird.
• Fahre rücksichtsvoll	• damit dein Kopf bei einem Sturz geschützt ist.
• Trage beim Fahrradfahren immer einen Helm	• damit du im Straßenverkehr besser gesehen wirst.

• _____

• _____

Satzreihe und Satzgefüge 121

- _____
- _____

23 Beantworte die folgenden Fragen mit einem Finalsatz. Schreibe jeweils das vollständige Satzgefüge (Hauptsatz und Finalsatz) auf.

- Mit welcher Absicht steigt die Eule in die Lüfte?

  Die Eule steigt in die Lüfte, damit

- Wozu hält sich der Schäfer einen Hund?

- Zu welchem Zweck trugen die Ritter eine Rüstung?

Finalsätze kannst du häufig elegant **verkürzen**, indem du sie mit **um ... zu** einleitest. Aus dem konjugierten Verb (Prädikat) wird dann ein Infinitiv. Zwischen Hauptsatz und verkürztem Finalsatz muss ein Komma stehen.

Paul übt regelmäßig, damit er sich in Deutsch verbessert.
Paul übt regelmäßig, um sich in Deutsch zu verbessern.

---

24 Verkürze die folgenden Finalsätze wie in dem Beispiel aus dem Kasten.

- Mareike beeilt sich, damit sie schneller bei ihrem Freund ist.

- Paul macht sich einen Spickzettel, damit er die Regeln nicht vergisst.

- Antonia sattelt ihr Pferd, damit sie ausreiten kann.

- Aysun wechselt die Rollen ihrer Inliner, damit sie schneller fahren kann.

Der Konzessivsatz (Adverbialsatz der Einräumung oder Einschränkung)

Mit einem Konzessivsatz kannst du eine Einschränkung oder Einräumung ausdrücken. Das, was im Konzessivsatz steht, schränkt die Aussage des Hauptsatzes ein oder steht sogar im Gegensatz dazu.
Die häufigsten Konjunktionen sind: obwohl, obgleich …

Carlotta trägt einen dicken Pullover, obwohl es sehr warm ist.
        Hauptsatz   *Konzessivsatz*

Einen Konzessivsatz erfragt man mit: Trotz welcher Tatsache? Trotz welcher Gegebenheit?

Obwohl ich friere, setze ich keine Mütze auf.

25 Verknüpfe den folgenden Hauptsatz nacheinander mit allen vier Sätzen, die darunter stehen. Es soll jeweils ein Satzgefüge mit einem Konzessivsatz entstehen.

Markus macht eine Party.
a) Er hat hohes Fieber.
b) Sein Zimmer ist sehr klein.
c) Sein bester Freund Jonas ist im Urlaub.
d) Er hat im Moment nur wenig Geld.

Satzreihe und Satzgefüge

a) _____

b) _____

c) _____

d) _____

26 Setze in den folgenden Satzgefügen die Kommas. Unterstreiche zunächst den jeweiligen Hauptsatz.

- Carla hat einen neuen Computer geschenkt bekommen obwohl sie ihren alten erst drei Jahre hat obwohl sie nur selten etwas damit macht und obwohl ihr Bruder viel dringender einen benötigte.
- Obwohl es viel schneller geht obwohl es bereits sehr viele praktizieren und obwohl es preiswerter ist schreiben noch immer viele Menschen statt einer Mail einen Brief.

27 Versieh in dem folgenden Zeitungsbericht die Konzessivsätze mit einer Wellenlinie und kreise die Konjunktionen ein.

Strumpfmaske wurde zum Verhängnis

Ein dreister Dieb überfiel in den Abendstunden des gestrigen Tages die Filiale der Sparkasse im Stadtteil Heide. Obwohl das Videoaufzeichnungsgerät sichtbar eingeschaltet war, stürmte er mit gezogener Waffe den Vorraum der Bank. Maskiert war er mit einer Nylonstrumpfhose, die ihm schließlich zum Verhängnis wurde. Als der Dieb nämlich seine Forderungen stellen wollte, kam nur ein unverständliches Gemurmel heraus. Die Strumpfmaske saß einfach zu stramm. Völlig irritiert verließ er die Bank. Die Fahndung blieb bisher ohne Erfolg, obwohl der Filialleiter sofort die Polizei gerufen hatte.

Der Modalsatz (Adverbialsatz der Art und Weise)

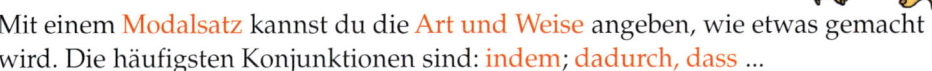

Mit einem Modalsatz kannst du die Art und Weise angeben, wie etwas gemacht wird. Die häufigsten Konjunktionen sind: indem; dadurch, dass …

Du kannst dich verbessern, indem du regelmäßig übst.
    Hauptsatz   *Modalsatz*

Dadurch, dass du regelmäßig übst, kannst du dich verbessern.
Hauptsatz   *Modalsatz*   *Hauptsatz*

Nach einem Modalsatz fragt man: Wie? Auf welche Art und Weise?

Achte auf die Zeichensetzung bei „dadurch, dass …"!

28 Unterstreiche die Hauptsätze und kennzeichne die Modalsätze mit einer Wellenlinie. Setze anschließend die Kommas. Denk an den Rat der Eule.

- Gülben irritiert mich immer wieder indem sie mir starr in die Augen schaut.
- Dadurch dass Maria regelmäßig trainierte war sie sehr erfolgreich.
- Der Dieb stieg in die Wohnung ein indem er ein Fenster aufhebelte.
- Dadurch dass wir Müll vermeiden tragen wir zum Umweltschutz bei.
- Pflanzen wachsen angeblich besser indem man mit ihnen spricht.
- Man kann Benzin sparen indem man langsamer fährt.

Satzreihe und Satzgefüge

- Du überzeugst mich auch dadurch nicht dass du mich immer wieder ansprichst.
- Indem du dich vitaminreich ernährst schützt du dich im Winter vor einer Erkältung.
- Er entging dadurch einer Strafe dass er die Wahrheit sagte.

29 In den folgenden Hauptsätzen findest du jeweils ein fett gedrucktes Satzglied. Versuche dieses Satzglied wie in dem Beispiel zu einem Modalsatz umzuformen. Wähle eine Möglichkeit aus (indem; dadurch, dass).

a) **Durch das Herunterfahren der Heizung** kann man Energiekosten sparen. *Man kann Energiekosten sparen, indem die Heizung heruntergefahren wird. Dadurch, dass die Heizung heruntergefahren wird, kann man Energiekosten sparen.*

b) **Durch ihr energisches Auftreten** verscheuchte die ältere Dame den Dieb.

c) Markus hat sich **durch regelmäßiges Üben** in Mathe deutlich verbessert

d) Du kannst dich **durch das Eincremen mit Sonnenmilch** vor einem Sonnenbrand schützen.

e) **Durch genaues Hinschauen** kannst du Falschgeld von echten Geldscheinen unterscheiden.

Der Satz und seine Glieder

f) **Durch einen Waldlauf** kannst du dich prima entspannen.

 Versieh in dem folgenden Text die Modalsätze mit einer Wellenlinie und setze die fehlenden Kommas.

Ein nützlicher Trick

Einen fest sitzenden Metalldeckel kannst du von einem Glas lösen indem du ihn unter heißes Wasser hältst. Das Metall des Deckels dehnt sich dann nämlich aus und dieser lässt sich leichter abschrauben. Fast alle Stoffe dehnen sich dadurch dass man sie erwärmt aus.

Deshalb sind die Sommerferien länger als die Weihnachtsferien.

Der Komparativsatz (Adverbialsatz des Vergleichs)

Mit einem Komparativsatz kannst du einen Vergleich zwischen zwei Handlungen oder Zuständen anstellen. Die wichtigsten Konjunktionen sind: als, wie, als ob, als wenn ...

Er sieht aus, als ob ihm eine Laus über die Leber gelaufen wäre.
   Hauptsatz   *Komparativsatz*

Das Essen war besser, als ich erwartet hatte.
   Hauptsatz   *Komparativsatz*

Nach einem Komparativsatz fragt man: Womit ist es zu vergleichen?

Satzreihe und Satzgefüge

Ich bin noch schöner, als ich im vergangenen Jahr war.

31 Wie sieht er oder sie aus? Bilde wie in dem Kasten auf der vorigen Seite passende Vergleichssätze. Achte darauf, dass du immer einen vollständigen Gliedsatz aufschreibst. Folgende Ausdrücke helfen dir: in einen Farbeimer fallen, einem Gespenst begegnen, ein halbes Jahr Urlaub machen, in eine Zitrone beißen, im Lotto gewinnen. Es gibt natürlich noch andere Möglichkeiten.

a) ein überglücklicher Mensch

   Er sieht aus, als ob

b) ein schlecht gelaunter Mensch

c) eine übertrieben geschminkte Frau

d) ein sehr verängstigter Mensch

e) ein entspannt wirkender Mensch

128 Der Satz und seine Glieder

Wenn in einem Satzgefüge zwei Gegebenheiten miteinander verglichen werden, die unterschiedlich sind, verwendet man in der Regel die Konjunktion als. Im Hauptsatz steht dann häufig ein gesteigertes Adjektiv.

Der Film hat mir besser gefallen, als ich es vorher erwartet hatte.
       Hauptsatz   *Komparativsatz*

Stimmen die verglichenen Gegebenheiten überein, verwendet man in der Regel die Konjunktion wie. Dieses gilt auch immer dann, wenn im Hauptsatz ein nicht gesteigertes Adjektiv steht.

Sie ist so schnell gelaufen, wie ich es erwartet hatte.
     Hauptsatz   *Komparativsatz*

Die Konjunktion wie verwendet man auch beim Vergleich zweier unterschiedlicher Gegebenheiten, wenn das Adjektiv im Hauptsatz nicht gesteigert wird.

Der Film hat mir nicht so gut gefallen, wie ich es erwartet hatte.
       Hauptsatz   *Komparativsatz*

32 Schreibe wie in dem Beispiel jeweils zwei Satzgefüge auf, in denen etwas verglichen wird. Verwende dabei folgende Formulierungen: als/wie ich befürchtet hatte, gedacht hatte, erhofft hatte, geglaubt hatte, vermutet hatte, mir gewünscht hatte, erwartet hatte.

a) Wie teuer war das Buch?
   Das Buch war teurer, als ich erwartet hatte.
   Das Buch war so teuer, wie ich es befürchtet hatte.

b) Hat dir die Sendung gefallen?

c) Kann dein neuer Mitschüler gut Fußball spielen?

d) Sind deine Gäste lange geblieben?

e) War dein Computer teuer?

Der Adversativsatz (Adverbialsatz des Gegenteils)

Mit einem Adversativsatz kannst du ausdrücken, dass etwas im Gegensatz zu etwas anderem steht. Die häufigsten Konjunktionen sind:
während, anstatt dass ...

Du darfst in der Sonne liegen, während ich hart arbeiten muss.
    Hauptsatz   *Adversativsatz*

Anstatt dass du deine Vokabeln lernst, schaust du dir ein Video an.
       Adversativsatz   *Hauptsatz*

Man fragt nach einem Adversativsatz: Wovon ist dieses das Gegenteil? Was steht im Gegensatz dazu?

Während ich aufpasse wie ein Luchs, döst die Ente im Schatten vor sich hin.

Der Satz und seine Glieder

33 Was könnte im Gegensatz dazu geschehen? Formuliere passende Hauptsätze oder Gliedsätze (Adversativsätze). Unterstreiche anschließend die Hauptsätze und kennzeichne die Adversativsätze mit einer Wellenlinie.

- *Anstatt dass du dich gesund ernährst*, isst du immer nur _____ .

- Anke säubert regelmäßig den Hamsterkäfig, *während sich ihr Bruder* _____

- Du spielst immer nur mit dem Computer, _____

- Anstatt dass es wie gewöhnlich im Winter friert, _____

- Astrid bereitet sich sorgfältig auf die Englischarbeit vor, _____

- Während es vielen Menschen in der Dritten Welt sehr schlecht geht, _____

34 Die Konjunktion *während* kann einen Temporalsatz oder einen Adversativsatz einleiten. Überlege bei den folgenden Beispielsätzen genau, ob der Gliedsatz einen Zeitpunkt oder einen Gegensatz ausdrückt, und schreibe die passende Bezeichnung (Temporalsatz oder Adversativsatz) darunter.

- Während das Fußballspiel noch lief, verließen bereits einige Zuschauer das Stadion.

- Während Julia eine richtige Fußballfanatikerin ist, hat Jonathan gar kein Interesse an dieser Sportart.

- Die eine Gruppe wollte lieber zur Jugendherberge zurückwandern, während die andere den Gipfel unbedingt noch erklimmen wollte.

- Wir suchten, während es regnete, in einer Hütte Schutz.

35 Bilde aus den folgenden Satzreihen Satzgefüge, indem du aus einem Hauptsatz jeweils einen Adversativsatz machst. Es gibt jeweils zwei Möglichkeiten. Entscheide dich für eine.

- Judith fährt nach dem Training mit dem Fahrrad nach Hause, Robert nimmt lieber den Bus.

- Ich lese in der Freizeit besonders gern Abenteuerbücher, mein Bruder beschäftigt sich nur mit dem Computer.

- Markus fand den Film prima, Martina ist dabei eingeschlafen.

Der Lokalsatz (Adverbialsatz des Ortes)

Mit einem Lokalsatz kannst du Angaben über den Ort oder die Richtung machen. Lokalsätze werden nicht durch eine Konjunktion, sondern durch Fragewörter wie wo, wohin oder woher eingeleitet.

Die Turnhalle steht nicht mehr dort, wo sie früher stand.
      Hauptsatz   *Lokalsatz*

Nach einem Lokalsatz fragt man: Wo? Wohin? Woher?

Der Satz und seine Glieder

Ich fliege dorthin, wo sich alle klugen Eulen treffen.

36 Im Folgenden ist jeweils eine Frage nach einem Ort abgedruckt. Formuliere wie in dem Beispiel eine Antwort. Verwende dabei ein Satzgefüge mit einem Lokalsatz (Einleitungswörter: wo, wohin, woher). Beginne den Hauptsatz mit *ich weiß nicht* oder mit *ich weiß*.

- Wohin ist Julia gelaufen?

  Ich weiß nicht, wohin Julia gelaufen ist.

- Wo befindet sich der nächste Taxistand?

  Ich weiß,

- Woher kommt dieses Auto?

- Wohin führt dieser Waldweg?

- Wo kann man diesen Rock kaufen?

- Woher kamen plötzlich die vielen Fliegen?

- Wo halten sich die meisten Vögel im Winter auf?

37 Versieh in den folgenden Witzen die Lokalsätze mit einer Wellenlinie.

Missverständnis

Der Polizist stoppt den Autofahrer und sagt: „Pusten Sie mal!" „Aber gern. Sie müssen mir nur sagen, wo es denn weh tut!", lallt dieser.

Beim Zahnarzt

Maike hat sich dorthin begeben, wohin sie eigentlich gar nicht gerne geht, zum Zahnarzt. Nach kurzer Untersuchung meint der Arzt: „Deine Zähne sind völlig in Ordnung. Aber das Kaugummi müsste einmal erneuert werden."

Ungleiche Kräfte

Die Ameisen wollten schon immer mal einen Elefanten besiegen.
Eines Tages kommt ein Dickhäuter dort vorbei, wo sie ihren Ameisenhaufen kunstvoll aufgeschichtet haben. Sofort stürzen sich alle auf ihn.
Der Elefant schüttelt sich einmal und im Nu landen alle dort, von wo sie gekommen sind. Nur eine nicht. Diese klammert sich mit Mühe und Not am Hals des Elefanten fest. Als die anderen Ameisen das sehen, rufen sie: „Würg ihn, Edi, würg ihn!"

Die Entdeckung Amerikas

Der Lehrer sagt im Erdkundeunterricht zu Lukas: „Komm doch einmal zur Landkarte und zeig uns, wo Amerika liegt."
Lukas zeigt mit dem Zeigestock auf den Erdteil.
„Sehr schön. Und wer hat Amerika entdeckt?", wendet er sich an die ganze Klasse.
„Lukas!", schreien alle im Chor.

Zufall

„Was haben Sie sich eigentlich dabei gedacht", schimpft der Richter, „einfach diese teure Uhr mitgehen zu lassen?"
„Ach, das war so, Herr Richter. Ich ging ganz zufällig dorthin, wo die teuren Schmuckstücke liegen, und sah die Uhr. Da dachte ich mir: „Die Uhr geht, ich gehe, da können wir doch ein Stück zusammen gehen!"

Die Adverbialsätze im Überblick

Adverbialsatz	Aussage über	Konjunktionen	Frage
Temporalsatz	Zeitpunkt; Zeitdauer	als; nachdem; bevor; wenn; während; sobald; seit; ehe; bis	Wann? Wie lange? Bis wann? Seit wann?
Kausalsatz	Begründung; Ursache	weil; da	Warum? Weshalb? Wieso?
Konditionalsatz	Bedingung; Voraussetzung	wenn; falls; sofern	Unter welcher Bedingung?
Konsekutivsatz	Folge	sodass/so dass; dass; so ..., dass	Welche Folge ergibt sich? Was folgt daraus?
Finalsatz	Absicht; Zweck	damit; auf dass	Zu welchem Zweck? Mit welcher Absicht? Wozu?
Konzessivsatz	Einschränkung; Einräumung; Grund, der nicht zählt	obgleich; obwohl	Trotz welcher Gegebenheit? Trotz welcher Tatsache?
Modalsatz	Art und Weise	indem; dadurch, dass	Auf welche Art und Weise? Wie?
Komparativsatz	Vergleich	als; wie; als ob; als wenn	Womit ist es zu vergleichen?
Adversativsatz	Gegenteil; Gegensatz	während; anstatt dass	Wovon ist dieses das Gegenteil? Was steht im Gegensatz dazu?
Lokalsatz	Ort; Richtung	Fragewörter: wo, wohin, woher	Wo? Wohin? Woher?

Adverbialsätze: Übungen

38 Kennzeichne in dem folgenden Gedichtauszug alle Gliedsätze mit einer Wellenlinie und kreise die Konjunktionen ein. Schreibe anschießend unter den Text, um welche beiden Arten von Adverbialsätzen es geht.

Jutta Richter

Liebeslied

Weil du mich magst,
kann ich fliegen,
ohne Angst übers Haus.
Weil du mich magst,
lach ich abends
die Gespenster aus.
Ich kriege Herzklopfen,
wenn du nach mir fragst,
weil du mich magst.

Weil du mich magst,
bin ich stärker
als der Löwe im Zoo.
Weil du mich magst,
bin ich mutig
und ich freue mich so.
Ich kriege Herzklopfen,
wenn du nach mir fragst,
weil du mich magst.

Gliedsatzarten:

1. _____ 2. _____

39 Versuche eine weitere Strophe des Gedichts aufzuschreiben. Verwende dabei die beiden Gliedsatzarten, mit denen auch Jutta Richter gearbeitet hat.

_____
_____
_____
_____
_____
_____
_____

Der Satz und seine Glieder

40 Bestimme in der folgenden Versuchsbeschreibung die Adverbialsätze. Sie sind mit einer Wellenlinie und einer Ziffer versehen.

Perlenkette
Lasse einen feinen Wasserstrahl aus dem Wasserhahn laufen und halte einen Finger etwa 5 cm darunter. Wenn du genau hinschaust (1), entdeckst du im Wasserstrahl ein rätselhaftes, wellenartiges Muster. Wenn du nun den Finger ein wenig anhebst (2), nehmen die Wellen mehr und mehr Kugelform an, bis sie einer Perlenkette gleichen (3).
Der Wasserstrahl wird über dem Finger so stark gestaut, dass er sich infolge der Oberflächenspannung in runde Tropfen teilt (4). Wenn du den Finger langsam vom Hahn zurückziehst (5), wird die Fallgeschwindigkeit des Wassers größer und die Tropfenbildung undeutlicher.

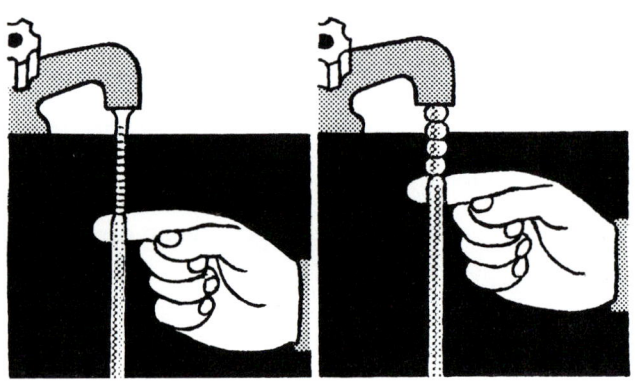

1. _____   4. _____
2. _____   5. _____
3. _____

41 Unterstreiche in den folgenden Satzgefügen die Hauptsätze, kennzeichne die Adverbialsätze mit einer Wellenlinie und setze die fehlenden Kommas. Bestimme anschließend die Adverbialsätze.

a) Jule veranstaltet heute Abend eine Party weil sie Geburtstag hat.

   Kausalsatz

b) Ihr Freund Jan wird auch kommen obwohl er sehr stark erkältet ist und leichtes Fieber hat.

   _____

c) Jule freut sich so auf die Party dass sie bereits am Morgen ganz aufgeregt ist.

d) Nachdem sie aufgestanden ist richtet sie sofort den Partykeller her.

e) Dadurch dass sie alle Möbel an die Seite schiebt entsteht eine große Fläche zum Tanzen und für Partyspiele.

f) Falls der Platz für ihre Gäste nicht ausreichen sollte kann sie auch noch ihr Zimmer zur Verfügung stellen.

g) Ihre Gäste treffen sich am Nachmittag heimlich bei Jan weil sie sich eine Überraschung ausgedacht haben.

h) Die Freundinnen und Freunde wollen sich nämlich so verkleiden dass Jule sie auf den ersten Blick nicht erkennen kann.

i) Als sie an der Haustür klingeln ist das Mädchen völlig überrascht.

j) Jan sieht aus als ob er von einem anderen Stern käme.

k) Die Party wird ein voller Erfolg obwohl es einigen Erwachsenen in der Nachbarschaft zu laut ist und sie sich beschweren.

Der Satz und seine Glieder

l) Jule bringt am anderen Tag einen Blumenstrauß vorbei damit sich die Nachbarn wieder beruhigen.

_____

m) Während Jules Gäste am Tag nach der Party ausschlafen können steht das Mädchen früh auf da der Keller für eine Party ihrer Eltern aufgeräumt werden muss.

_____

42 Kennzeichne in der folgenden Versuchsbeschreibung alle Adverbialsätze mit einer Wellenlinie, kreise die Konjunktionen ein und setze die Kommas. Schreibe anschließend unter den Text die Bezeichnungen für die Adverbialsätze. Es sind insgesamt fünf.

Wasserorgel

Fülle ein dünnwandiges Glas zur Hälfte mit Wasser. Tauche deinen Zeigefinger ein und fahre mit ihm langsam auf dem Glasrand entlang bis ein schwingender Ton entsteht.

Der Versuch glückt nur wenn der Finger nass ist. Indem er über den Glasrand reibt versetzt er ihm winzige Stöße. Das Glas beginnt zu vibrieren und der Ton entsteht. Wenn der Finger auch nur ein wenig fettig ist gleitet er ohne die nötige Reibung über den Glasrand.

Die Tonhöhe richtet sich nach der Wassermenge im Glas. Obwohl die Schwingungen des Glases vornehmlich Schallwellen in der Luft erzeugen übertragen sie sich auch deutlich sichtbar auf die Wasseroberfläche.

1. _____ 4. _____
2. _____ 5. _____
3. _____

Satzreihe und Satzgefüge 139

43 Arbeite wie in der Übung zuvor.

Lebende Bilder

Kopiere die beiden Bilder und schneide sie aus. Klebe nun dort wo sich die Markierung befindet Teil 1 auf Teil zwei. Rolle das obere Blatt ein sodass du es mit einem Bleistift bewegen kannst. Es entsteht der Eindruck als ob sich die Figuren bewegten.

Die von unserem Auge empfangenen Bildeindrücke fließen im Gehirn ineinander über und schaffen den Eindruck einer Bewegung. Dieser Effekt erscheint hier sehr ruckartig weil er nur von zwei Bildern erzeugt wird. Da es beim normalen Film viel mehr Bilder sind sehen wir dort eine Bewegung glatt und flimmerfrei.

1. _____   4. _____
2. _____   5. _____
3. _____

140 Der Satz und seine Glieder

44 Die Konjunktion *wenn* kann einen Temporalsatz oder einen Konditionalsatz einleiten. Im ersten Fall geht es in dem Gliedsatz um den Zeitpunkt oder die Zeitdauer; im zweiten Fall geht es um eine Bedingung. Was steht in den folgenden Gliedsätzen jeweils im Mittelpunkt? Schreibe entweder ein T (Temporalsatz) oder ein K (Konditionalsatz) in die Klammern.

Manchmal ist beides möglich. Wenn ich es nicht weiß, frage ich den Fuchs oder entscheide mich einfach.

- Wenn ich schlafe ( ), möchte ich nicht gestört werden.
- Ich gehe erst, wenn ich alles geschafft habe ( ).
- Wir melden uns, wenn wir angekommen sind ( ).
- Wenn der Rennfahrer keinen Motorschaden erleidet ( ), wird er gewinnen.
- Wenn ich erkältet bin ( ), trinke ich viel.
- Wenn Janna ihr Fahrrad nicht putzt ( ), schimpft ihr Vater.
- Igel müssen besonders vorsichtig sein, wenn sie sich küssen ( ).
- Wenn ich groß bin ( ), werde ich Lottogewinner oder Deutschlehrer.
- Du darfst nur ins Kino gehen, wenn du deine Hausaufgaben gemacht hast ( ).
- Wenn ich nicht weiter weiß ( ), frage ich immer meine Großmutter.
- Wenn ich die Hausaufgaben fertig habe ( ), mache ich eine Pause.
- Ich bin oft aufgeregt, wenn ich eine Klassenarbeit schreibe ( ).

Der Subjektsatz

Ein Nebensatz/Gliedsatz kann auch die Aufgabe eines Subjekts übernehmen. Man spricht in diesem Fall von Subjektsatz. Ein Subjektsatz wird meistens mit der Konjunktion dass eingeleitet.

Deine Krankheit macht mir Sorgen.
   Subjekt

Dass du krank bist, macht mir Sorgen.
   Subjektsatz

Einen Subjektsatz erfragt man wie das einfache Satzglied Subjekt: Wer oder was? Man trennt ihn durch Komma vom Hauptsatz ab.

Satzreihe und Satzgefüge 141

Mein Tipp: Die Konjunktion **dass** wird immer mit Doppel-s geschrieben. Du kannst sie nicht durch **dieses**, **welches** oder **jenes** ersetzen.

45 Wer oder was ärgert dich alles? Beantworte diese Frage, indem du Satzgefüge mit Subjektsätzen bildest. Kennzeichne die Subjektsätze anschließend mit einer Wellenlinie und kreise die Konjunktion dass ein.

- Mich ärgert, dass wir uns so selten sehen. (Wer oder was ärgert mich?)
- Dass _____, ärgert mich.
- Mich ärgert, _____
- _____, ärgert mich.
- Mich ärgert, _____

46 Wer oder was ist schade? Arbeite wie in der Übung zuvor.

- Schade ist, dass _____
- Dass _____, ist schade.
- Schade ist, _____
- _____, ist schade.

47 Im Folgenden findest du jeweils einen Satz mit einem unterstrichenen Subjekt. Forme das Satzglied Subjekt in einen Subjektsatz um. Kannst du für dich entscheiden, welche Formulierung besser klingt: das einfache Subjekt oder der Subjektsatz? Mache ein Kreuz dahinter.

a) Dein regelmäßiges Training hat sich wirklich ausgezahlt.

Dass du _____

Der Satz und seine Glieder

b) <u>Die große Zeitverschwendung</u> wäre nicht nötig gewesen.

c) <u>Deine wiedergewonnene Gesundheit</u> macht mich sehr froh.

d) <u>Der häufige Regen in den Ferien</u> ärgert uns.

e) Mich beeindruckt <u>deine Nervenstärke</u> ganz besonders.

48 Kennzeichne im folgenden Text die Subjektsätze mit einer Wellenlinie.

Wachstum nach der Ernte

Ist dir bekannt, dass man einen geernteten Kürbis noch weiter wachsen lassen kann? Du musst in der Nähe des Stiels einen Bindfaden durch den Kürbis ziehen. Besorge dir ein Glas Zuckerwasser, stelle es neben den Kürbis und hänge das Ende des Fadens in das Wasser. Der Kürbis nimmt nun das Zuckerwasser als Nährstofflösung auf und wächst noch einige Zeit weiter.
Dass der Kürbis dadurch besonders süß wird, ist allerdings nur ein Gerücht.

Satzreihe und Satzgefüge

Der Objektsatz

Ein Nebensatz/Gliedsatz kann auch die Aufgabe eines Objekts übernehmen. Man spricht in diesem Fall vom Objektsatz. Ein Objektsatz wird wie der Subjektsatz häufig mit der Konjunktion dass eingeleitet.

Ich schätze deine Freundlichkeit.
                Objekt

<u>Ich schätze es</u>, <u>dass du so freundlich bist</u>.
 Hauptsatz   *Objektsatz*

Einen Objektsatz erfragt man wie das einfache Satzglied Objekt: Wen oder was? Über wen oder was?
Objektsatz und Hauptsatz werden durch Komma voneinander getrennt.

Ich weiß, dass ich die Schönste bin! Wen oder was weiß ich? ...

49 Objektsätze folgen häufig, wenn im Hauptsatz Verben wie *meinen, glauben, wissen, hoffen, vermuten, vergessen* und *wünschen* stehen. Vervollständige die folgenden Satzgefüge, indem du passende Objektsätze einfügst.

- Heute glaubt keiner mehr, *dass* _____
_____

- Manche Erwachsene vergessen, _____
_____

- Der Wetterfrosch vermutet, _____
_____

- Mareike hofft, _____
_____

- Die Eule weiß, _____
_____

Der Satz und seine Glieder

- Ich glaube fest daran, _____

- Toni wünscht sich zum Geburtstag, _____

50 In den folgenden Sätzen sind Objekte unterstrichen. Bilde aus diesen Objekten jeweils wie in dem Beispiel einen Objektsatz. Kreise anschließend die Konjunktion *dass* ein.

a) Ich freue mich über deine Zuverlässigkeit.

Ich freue mich darüber, ⟨dass⟩ du so zuverlässig bist.

b) Der Mannschaftsbetreuer lobt ausdrücklich Ankes Trainingsfleiß.

c) Über den Regen sind die Spieler nicht gerade begeistert.

d) Die Zuschauer warten gespannt auf den Anpfiff des Spiels.

e) In der Halbzeitpause kritisiert der Trainer den geringen Einsatz seiner Spieler.

51 Kennzeichne in den folgenden beiden Texten die Objektsätze mit einer Wellenlinie.

Wetterzeichen

Wusstest du, dass die Hühner auf dem Bauernhof verlässliche Wetterpropheten sind? Vor einem kurzen, leichten Regenguss kommen sie rechtzeitig in den Hühnerstall gelaufen oder suchen sich eilig einen anderen geschützten Platz. Bei lang anhaltendem Regen aber bleiben sie draußen im Garten und lassen sich pudelnass regnen.

Es ist fraglich, ob die Hühner die Wetterlage am jeweils herrschenden Luftdruck erkennen können. Sie wissen aber instinktiv, dass ihnen nur ein ergiebiger Dauerregen fette Beute verspricht. Es sind die Regenwürmer, die an die Erdoberfläche kriechen, wenn nämlich das viele Regenwasser ihre Gänge füllt und die Atemluft für sie im Boden zu knapp wird.

Schafe zählen

Ein Arzt rät seinem schlafgestörten Patienten, dass er vor dem Schlafengehen Schafe zählen solle. Als er ihn wieder besucht, erkundigt er sich nach dem Erfolg dieser Methode. „Gestern habe ich bis 203 897 gezählt, Herr Doktor." „Und dann sind sie eingeschlafen?", will der Arzt wissen. „Nein, danach war es Zeit zum Aufstehen!"

Einen Objektsatz kannst du manchmal eleganter gestalten, indem du aus dem gebeugten Prädikat einen Infinitiv (Grundform des Verbs) machst. Auf diesem Weg verkürzt du den Gliedsatz und erhältst einen Infinitivsatz.

Jana freut sich darüber, dass sie einen eigenen Computer hat.

Jana freut sich darüber, einen eigenen Computer zu haben.

Den Infinitivsatz musst du durch ein Komma abtrennen, wenn im Hauptsatz ein hinweisendes Wort wie es, daran, darauf, dazu, damit, darüber oder ein hinweisendes Nomen steht. Fehlt so ein hinweisendes Wort, kannst du selbst entscheiden, ob du ein Komma setzt.

Lukas rechnet damit, in der Deutscharbeit eine gute Note zu haben.
Jana bittet Lukas(,) ihr bei der Vorbereitung zu helfen.

Der Satz und seine Glieder

52 Bilde aus den folgenden Objektsätzen jeweils einen Infinitivsatz. Achte auf die Zeichensetzung.

- Jannis ist froh darüber, dass er einen so zuverlässigen Freund wie Kevin hat.

- Die beiden haben beschlossen, dass sie im Sommer eine Radtour durch Holland machen.

- Kevin schlägt vor, dass sie die verschiedenen Jugendherbergen vorher buchen.

- Jannis bittet seinen Vater darum, dass er eine Radwegekarte aus der Stadt mitbringt.

- Die beiden Jungen hoffen darauf, dass sie während der Fahrt viele Jugendliche kennenlernen.

53 Gestalte den folgenden Text stilistisch besser, indem du aus einigen Objektsätzen Infinitivsätze machst.

Kleider machen Leute?
Viele Jugendliche sind der Meinung, dass sie unbedingt Markenkleidung tragen müssen. Dabei vergessen sie jedoch, dass diese sehr teuer und nicht immer

qualitativ besonders gut ist. Außerdem verfügt nicht jeder über die nötigen finanziellen Mittel. Ist es da nicht sinnvoll, dass man sich preisbewusst verhält und gelegentlich auf teure Kleidung verzichtet?
Für einen Jugendlichen bedeutet dieses nicht, dass er auf ein modisches Äußeres verzichten muss. Einige Kaufhausketten haben sich sogar darauf spezialisiert, dass sie preiswerte und attraktiv aussehende Bekleidung anbieten, die nicht zu einer teuren Marke gehört.
Viele Jugendliche verzichten sogar ganz bewusst darauf, dass sie überteuerte Markenkleidung kaufen. Für sie ist es „cool", dass sie einen gerade vorherrschenden Trend bewusst nicht mitmachen.

Natürlich finde ich es wichtig, die Klügste zu sein.

Der Relativsatz oder Attributsatz

Gliedsätze können die Aufgabe eines Attributs übernehmen. In diesem Fall spricht man von Attributsätzen.
Bestimmt weißt du noch, dass Attribute die Aufgabe haben, Nomen näher zu bestimmen. Diese Nomen nennt man auch Bezugsnomen.
Attributsätze bestimmen ein Nomen aus dem Hauptsatz näher. Sie werden durch ein Relativpronomen (der, die, das, welcher, welche, welches) mit diesem Nomen des Hauptsatzes verbunden. Deshalb nennt man Attributsätze auch Relativsätze.

Das wunderschöne Haus ist verkauft worden.
     Attribut   Bezugsnomen

       Relativpronomen
Das Haus, das wunderschön ist, ist verkauft worden.
Bezugsnomen Attributsatz/Relativsatz

Das Haus am Ende der Straße ist verkauft worden.
Bezugsnomen   Attribut

      Relativpronomen
Das Haus, das am Ende der Straße steht, ist verkauft worden.
Bezugsnomen   Attributsatz/Relativsatz

54 Im Folgenden findest du Nomen, die durch ein Attribut näher bestimmt werden. Schreibe die Ausdrücke wie in dem Beispiel so auf, dass aus den einfachen Attributen Attributsätze werden. Verwende die Ausdrücke anschließend für ein vollständiges Satzgefüge.

Denk daran: Gliedsätze werden durch Kommas vom Hauptsatz abgetrennt!

- ein durchtrainierter Sportler

  ein Sportler, der durchtrainiert ist

  Ein Sportler, der durchtrainiert ist, verletzt sich nicht so leicht.

Satzreihe und Satzgefüge 149

- der sehr gehorsame Schäferhund

- eine Dame mit einem Regenschirm

- das Fahrzeug mit dem Kennzeichen PB-Y-1

- ein zu schnelles Auto

- die Katze meiner Freundin

55 Unterstreiche in der vorigen Übung alle Bezugsnomen, kennzeichne die Attributsätze (Relativsätze) mit einer Wellenlinie und kreise die Relativpronomen ein.

56 Unterstreiche auch in den folgenden Sätzen alle Nomen, die durch ein Attribut näher bestimmt werden. Kennzeichne die Attribute mit einer Wellenlinie. Bilde nun aus den einfachen Attributen Attributsätze (Relativsätze). Zeichne um das Relativpronomen einen Kasten. Achte auch auf die Zeichensetzung.

Der Satz und seine Glieder

- Ein kleiner, dicker Mann isst eine Riesenbratwurst.

- Plötzlich fällt ihm die sehr heiße Wurst aus der Hand.

- Ein Dackel ohne Halsband schnappt sie sich und rennt fort.

- Der Mann jagt den Hund bis zum Gemüseladen an der Friedrichstraße.

- Schweißgebadet gibt er schließlich die Verfolgung des eindeutig schnelleren Dackels auf.

- Der Gemüsehändler schenkt dem Dicken eine goldgelbe, lecker schmeckende Banane.

Satzreihe und Satzgefüge

57 Forme die folgenden Satzreihen um, indem du aus einem Hauptsatz jeweils einen Attributsatz (Relativsatz) machst.

- Ein russischer Angler wollte vor seinen Freunden mit einem Hecht angeben. Er hatte ihn gerade erst gefangen.

- Plötzlich biss der Hecht dem Mann genau in die Nase. Offensichtlich lebte er noch.

- Der Mann musste ins Krankenhaus gebracht werden. Es befand sich in unmittelbarer Nähe.

- Dort wurde der Hecht operativ entfernt. Er hatte sich in der Nase des Mannes festgebissen.

- Hechte gehören zu den Raubfischen. Sie sind auch in unseren Gewässern verbreitet.

58 Kreise in den Satzgefügen, die du in der Übung 57 gebildet hast, alle Relativpronomen ein und unterstreiche die Nomen, auf die sich die Attributsätze (Relativsätze) beziehen.

Kennzeichne in dem folgenden Zeitungsbericht alle Attributsätze (Relativsätze) mit einer Wellenlinie und kreise die Relativpronomen ein.

Ein Notfall

Da gab es einiges zu staunen bei der Kölner Polizei, die durch einen Notruf alarmiert worden war. Ein kleines Mädchen, das erst vier Jahre alt war, hatte sich nämlich telefonisch gemeldet. Es beschwerte sich erbost: „Mein Papa gibt mir die Fernbedienung für unseren Fernseher nicht!" Eine Beamtin, die eine besondere pädagogische Ausbildung hatte, beruhigte die Kleine. Der Vater, der schließlich ans Telefon geholt wurde, war vollkommen überrascht. So viel Selbstständigkeit hatte er seiner Tochter nämlich nicht zugetraut.

 Arbeite wie in der vorigen Übung. Zusätzlich musst du noch alle Kommas setzen.

Delfin rettet Mädchen

Ein siebenjähriges Mädchen das in eine lebensbedrohliche Situation geraten war wurde von einem Delfin gerettet. Das Kind und seine italienische Familie kamen dank der Hilfe des Tieres mit dem Schrecken davon.

Das kleine Mädchen mit dem Namen Maria hatte sich in einem Vergnügungspark zu weit über die Abgrenzung gebeugt die das Delfinbecken umgab und war hineingestürzt. Delfin „Bonny" der gerade gefüttert wurde schwamm herbei und hielt die Kleine über Wasser. Ein Tierpfleger der in der Nähe stand sprang in das Becken und rettete das kleine Mädchen das Gott sei Dank unverletzt blieb und von seinen Eltern in die Arme geschlossen wurde.

Manchmal kommt zu dem Relativpronomen, das den Attributsatz (Relativsatz) mit dem Hauptsatz verbindet, noch eine Präposition hinzu.

Präpos. + Relativpronomen
Das Fahrrad, mit dem ich zu dir gefahren bin, wurde mir gestohlen.
Bezugsnomen   Attributsatz/Relativsatz

Satzreihe und Satzgefüge

61 Trage in die folgenden Satzgefüge jeweils das passende Relativpronomen mit der Präposition ein. Die Liste der fehlenden Ausdrücke findest du unter den Sätzen.

- Die Fernsehserie, _____ ich regelmäßig eingeschlafen bin, wurde abgesetzt.
- Meine Freundin, _____ ich in den Urlaub fahren wollte, hat sich leider das Bein gebrochen.
- Der Nachbarhund, _____ ich mich als kleines Kind immer gefürchtet habe, ist eigentlich ein ganz liebes Tier.
- Der Schrank, _____ die Geschenke versteckt sind, ist leider verschlossen.
- Der Kamin, _____ schwarzer Rauch aufsteigt, ist defekt.
- Der Wind hat die Tür, _____ ich mich versteckt hatte, zugeschlagen.
- Das Turnier, _____ ich jeden Tag trainiert habe, wurde leider abgesagt.
- Auch heute habe ich meinen Glücksbringer, _____ ich keine Klassenarbeit schreibe, bei mir.
- Der Schraubendreher, _____ ich den Schlauch von der Felge gelöst habe, war zu scharfkantig.
- Die Keksdose, _____ ich hineingegriffen habe, war leider leer.

aus dem, in dem, für das, mit der, hinter der, ohne den, mit dem, vor dem, in die, bei der

62 Unterstreiche in den Sätzen zuvor das Bezugswort, das durch die Attributsätze (Relativsätze) näher bestimmt wird. Kennzeichne anschließend die Attributsätze (Relativsätze) mit einer Wellenlinie.

63 Kennzeichne in den folgenden kurzen Texten die Attributsätze/Relativsätze mit einer Wellenlinie und kreise die Relativpronomen ein. Setze die fehlenden Kommas. Die Zahl hinter den Texten gibt an, um wie viele Attributsätze es sich jeweils handelt.

Ein merkwürdiges Vergnügen

In Paris gibt es ein Kino das sich auf die Vorführung von Horrorfilmen spezialisiert hat. Die letzte Reihe besteht aus Särgen in denen es sich die Besucher so richtig gemütlich machen können. Unter einigen Bankreihen befinden sich außerdem Totenköpfe aus Plastik die auf Knopfdruck leuchten und merkwürdige Geräusche von sich geben. (3)

Vom Jumbo in den Jumbo

1981 wurde der größte Bus der je gebaut wurde vorgestellt. Es handelt sich um einen Flughafen-Doppelstockbus der in Stuttgart produziert wurde. Der Riesenbus ist 17 Meter lang, 4,5 Meter breit und 4,8 Meter hoch. Eine hydraulische Spezial-Anlegebrücke hilft beim Ein- und Aussteigen.
Zugelassen ist das technische Wunderwerk für 342 Personen. Das entspricht der Passagierzahl eines voll besetzten Jumbo-Jets. (2)

Ein Muskel der nicht ermüdet

Der Kiefermuskel der für die Kieferbewegungen beim Sprechen (und Essen) zuständig ist ist der ausdauerndste Muskel des menschlichen Körpers. Unter normalen Umständen ermüdet er niemals. Deshalb kann man auch keinen Muskelkater im Kiefer bekommen. (2)

Übungen für alle Gelegenheiten – Satzlehre

Satzglieder erkennen und bestimmen

1 Unterstreiche im folgenden Text alle Subjekte. Denk daran, dass auch Gliedsätze/Nebensätze häufig ein Subjekt haben und dass ein Subjekt aus einem, aber auch aus mehreren Wörtern bestehen kann.

Mein Tipp: Versuche zunächst, im Kopf die Umstellprobe zu machen. So erfährst du meistens, welche Wörter zusammen ein Satzglied bilden.

Die alten Römer

Unser Wissen über die Römer entnehmen wir den vielen Büchern und Briefen, die erhalten geblieben sind. Die Reste römischer Städte, Dörfer, Festungen oder Schiffe helfen den Archäologen, ein möglichst wahrheitsgetreues Bild vom Leben der alten Römer nachzuzeichnen.

Da aus der frühesten römischen Zeit kaum etwas bekannt ist, dachten sich die Römer einfach Geschichten aus, um die Lücken zu schließen. So erklärten sie mit der Legende von Romulus und Remus, wie ihre Stadt ent-

standen ist. Danach waren die beiden Zwillingssöhne des Kriegsgottes Mars. Sie wurden aber nach der Geburt ausgesetzt und von einer Wölfin gesäugt. Romulus ernannte sich später zum ersten König der Stadt und taufte sie nach seinem Namen Roma.

2 Unterstreiche im folgenden Text alle Prädikate. Denke daran, dass Prädikate auch aus mehreren Teilen bestehen können.

Tunika und Sandalen

Römische Männer, Frauen und Kinder trugen eine einfache Tunika – mit oder ohne Ärmel – aus Wolle oder Leinen mit einem um die Taille geschlungenen Gürtel. Die Tunika war das einzige Kleidungsstück, das sowohl Arme als auch Reiche trugen. Bei den Männern reichte die Tunika nur bis kurz unter die Knie, die der Frauen war etwas länger.

Für männliche römische Bürger gehörte es sich, in der Öffentlichkeit eine Toga zu tragen. Dies war ein weiter, in Falten um den Körper geschlungener Umhang. Man brauchte viel Zeit oder die Hilfe eines Sklaven, sich die Toga richtig umzulegen. Sklaven und Nicht-Bürger zogen die einfache Tunika an.

Togas in unterschiedlichen Farben wiesen auf das Ansehen ihres Trägers hin. Männer, die zur Wahl standen, trugen eine rein weiße Toga. Daher stammt übrigens das Wort Kandidat, nämlich von dem lateinischen Wort „candidus" = weiß.

Beamte und Söhne reicher Familien waren mit einer weißen, violett umrandeten Toga bekleidet. Die Toga des Kaisers war violett mit einem golden bestickten Rand.

Die Kleidung der Frauen war vielfältig. Manche trugen den griechischen Peplos aus Wolle oder Leinen. Reiche Frauen zogen über ihre Tunika eine Stola (Übertunika) aus chinesischer Seide oder indischer Baumwolle.

Als Schuhwerk diente eine Fülle verschiedener Ledersandalen. Sklaven und Bürger in den warmen Provinzen trugen ganz einfache Sandalen, die der Soldaten waren stabiler mit genagelten Sohlen.

Übungen für alle Gelegenheiten – Satzlehre

3 Unterstreiche im folgenden Text alle Akkusativobjekte.

Römische Häuser

Die Häuser der Reichen unterschieden sich beträchtlich von denen der Armen. Um nicht deren Neid zu erwecken, sahen sie von außen recht einfach aus. Deshalb gab es meist nur wenige Fenster. Ganz anders im Innern. Hier umgaben freundliche Innenhöfe und Gärten die Räume und eine Öffnung im Dach ließ viel Licht eindringen.

Wenn die Leute ein römisches Haus betraten, kamen sie zuerst in das Atrium – das war sowohl Eingangshalle als auch Innenhof. Das Atrium hatte eine Dachöffnung in der Mitte. Auf dem Boden darunter befand sich ein flaches Becken zum Auffangen des Regenwassers.

Im Speiseraum standen drei Liegen. In Häusern von sehr reichen Bürgern gab es sogar zwei Speisezimmer, eins für den Winter und eins für den Sommer.

Das Empfangszimmer wurde auch als Wohnzimmer und Büro für Gespräche mit Besuchern (Klienten) genutzt. Hier bewahrte man wichtige Papiere und Wertsachen in einem Tresor auf.

4 Kennzeichne im folgenden Text alle Dativobjekte durch Unterstreichungen.

Mahlzeit

Den einfachen Bürgern war es nur möglich, ein Eintopfgericht aus Getreide, Linsen oder Bohnen zu essen. Wohlhabende Römer leisteten sich und ihren Familien natürlich ganz andere Speisen. Einige Lebensmittel stammten von ihren Ländereien, vieles wurde ihnen jedoch auch aus anderen Provinzen gebracht. Küchen standen nur den reichen Bürgern zur Verfügung. Den armen Leuten wurde wegen der Brandgefahr das Essen in Garküchen gekocht. Dort konnten sie es dann kaufen.

Der Satz und seine Glieder

5 Im folgenden Text sind mehrere adverbiale Bestimmungen eingeklammert. Schreibe sie heraus und benenne sie wie in dem Beispiel mit der genauen Bezeichnung.

Das Abendessen
(Am Abend) luden die reichen Römer (oft) Gäste zum Essen in gemütlicher Runde ein. Dabei machte man es sich auf den drei Liegen bequem, die (im Speisezimmer) standen. Auf jeder Liege fanden drei Leute Platz. (Daher) nahmen meist neun Personen an einem Gastmahl teil. Die Liegen standen an den drei Seiten um den Tisch herum. Die vierte blieb frei. So konnten die Sklaven die Gäste (gut) bedienen. Der Ehrenplatz lag rechts vom Gastgeber, der (in der Mitte der mittleren Liege) Platz nahm. Die Gäste lagen oder saßen und aßen (mit den Fingern). (Zwischen den einzelnen Gängen) wuschen sie sich die Hände (in Schüsseln) und trockneten sie sich (mithilfe von Servietten) ab. Oft brachten sie ihre eigenen Servietten mit, um Reste der übrig gebliebenen köstlichen Speisen mit nach Hause nehmen zu können.
(Gern) aßen die Römer Haselmäuse. Sie wurden (in Tonkäfigen) gehalten und gemästet, bis sie fett genug zum Braten waren. Gewürzt wurden sie (mit Honig und Mohnsamen).

1. am Abend: adverbiale Bestimmung der Zeit (Temporaladverbiale)

Schreibe aus dem folgenden Text nacheinander alle eingeklammerten Satzglieder heraus und benenne sie.

Römische Zahlen

Die Römer (benutzten) Buchstaben, um Zahlen darzustellen. (Diese römischen Zahlen) sind (heute) noch zu finden, beispielsweise (auf Uhren). Jeder Buchstabe verkörperte (einen bestimmten Wert) und konnte mit anderen Buchstaben kombiniert werden, um (eine größere Zahl) darzustellen. I bedeutet 1, X ist die 10 und C = 100. Die Zahl 1326 schreibt man so: MCCCXXVI. Mit römischen Zahlen zu rechnen ist nicht so einfach!

Die Schüler tauchten (ihre Stifte aus Schilfrohr oder Messing) in Tinte und schrieben auf dünnen Holztafeln, auf Papyrus oder Pergament. Anfänger benutzten mit Wachs überzogene Holztafeln und (kratzten) (mit einem Stift) die Zeichen (in das Wachs).

1. benutzten: Prädikat

Mit Gliedsätzen arbeiten

7 In den folgenden Sätzen sind adverbiale Bestimmungen unterstrichen. Bilde aus den unterstrichenen Satzgliedern Gliedsätze (Adverbialsätze).

- <u>Wegen seiner beeindruckenden Größe und besonderen Bauweise</u> wird das Kolosseum in Rom jährlich von vielen Touristen besucht.

- <u>Nach mehrjährigem Bau</u> wurde die Arena im Jahr 80 n. Chr. eröffnet.

- <u>Bei den Eröffnungsfeierlichkeiten</u> wurden bei Kämpfen angeblich 5 000 Tiere getötet.

- <u>Trotz seiner Größe</u> herrschte im Kolosseum eine gute Akustik.

- <u>Wegen der Hitze im Sommer</u> wurden überall Sonnensegel gespannt.

Übungen für alle Gelegenheiten – Satzlehre

8 Unterstreiche in den folgenden Satzgefügen die Hauptsätze und kennzeichne die Gliedsätze mit einer Wellenlinie. Setze die Kommas und schreibe die genaue Bezeichnung der Gliedsätze auf.

- Die meisten römischen Städte verfügten über öffentliche Badeanstalten, damit sich die Menschen reinigen und erholen konnten.
  Finalsatz

- Obwohl der Eintritt kaum etwas kostete, konnten sich einige diesen „Luxus" nicht leisten.

- Nachdem man sich seiner Kleider entledigt hatte, konnte man zwischen mehreren Bädern wählen.

- Falls man sich abhärten wollte, konnte man zum Beispiel das Schwitzbad aufsuchen.

- Zu den meisten Badeanstalten gehörte auch ein Sportplatz, wo zum Beispiel Ball gespielt werden konnte.

- Wenn sich ein Römer vergnügen wollte, konnte er auch zu einem der bekannten Wagenrennen in den Circus Maximus gehen.

- Während in den Bädern Männer und Frauen streng voneinander getrennt waren, durften sie bei den Wagenrennen gemeinsam erscheinen.

- In der Regel nahm man erst Platz, nachdem man gewettet hatte.

- Dadurch, dass man beim Wagenrennen dicht nebeneinander saß, konnte man nach Auskunft des Dichters Ovid besonders gut eine Freundin kennenlernen.

Der Satz und seine Glieder

- Die Wagenlenker – meistens Sklaven – wurden gut bezahlt damit sie nicht zum gegnerischen Stall überliefen.

- Die Geschwindigkeit bei den Rennen war so groß und die Kurven waren so eng dass es häufig zu tödlichen Stürzen kam.

9 Arbeite wie in der vorigen Übung. Bei den folgenden Sätzen geht es jedoch um Subjekt- oder Objektsätze. Schreibe die passende Bezeichnung jeweils darunter.

- Dass bei den Wettkämpfen in den Arenen so viele Tiere und Menschen ihr Leben ließen störte die Römer nicht.

- Es ist bekannt dass die meisten Gladiatoren Sklaven oder Verbrecher waren.

- Die Kämpfer wussten natürlich dass ihr Leben in jeder Situation in Gefahr war.

- Sie konnten jedoch auch darauf hoffen dass sie nach erfolgreichem Kampf in die Freiheit entlassen wurden.

Circus Maximus

Übungen für alle Gelegenheiten – Satzlehre

10 Verbinde die folgenden Satzreihen, indem du jeweils aus einem Hauptsatz einen Relativsatz/Attributsatz machst und ihn dem anderen Hauptsatz unterordnest.

- Die Römer konnten bereits eine Art von Beton herstellen. Er bestand vor allem aus Kalk, Kies und Vulkangestein.

  Die Römer konnten bereits eine Art von Beton herstellen, der vor allem

- Sie legten ein weit verzweigtes Straßennetz an. Es half ihnen ihr Reich zu vergrößern.

- Auf den Straßen konnten sich die römischen Soldaten leicht fortbewegen. Sie trugen eine schwere Ausrüstung.

- Die römischen Landgüter waren oft riesengroß. Sie gehörten reichen Bürgern.

- Den Hauptanteil der Landarbeit leisteten Sklaven. Sie wohnten in besonderen Unterkünften.

- Die Sklaven mussten sehr schwer arbeiten. Sie wurden zu jeder Zeit beaufsichtigt.

Der Satz und seine Glieder

- Im ganzen Römischen Reich wurde mit einheitlichen Münzen gezahlt. Die Münzen waren in besonderer Weise geprägt.

  _____

  _____

- Sie zeigten zum Beispiel den Kaiser vor seinen Truppen stehend. Er wollte als fähiger Kriegsherr angesehen werden.

  _____

  _____

11 Im folgenden Text fehlen alle Kommas. Die meisten trennen einen Gliedsatz von einem Hauptsatz ab. Einige Kommas fehlen jedoch auch zwischen den Teilen einer Aufzählung. Setze die Kommas.

Tornados

„Ich stand auf dem Feld als ich ein unheimliches Rauschen hörte das mehr und mehr anschwoll zu einem ohrenbetäubenden Lärm. Dann sah ich eine seltsame Lufterscheinung. Es war als rase da eine gigantische Kugel aus Dampf über Berge und Täler dahin.

Ich war wie erstarrt und sah wie Bäume Sträucher Tiere und Häuser hochgewirbelt wurden. Auf einmal änderte der Tornado seine Richtung und kam direkt auf mich zu. Eine ungeheure Kraft packte mich. Ich verlor den Boden unter meinen Füßen und wurde emporgetragen. Ich weiß nicht mehr wie lange ich dahinflog.

Und dann war es als ob ich in der Faust eines Riesen langsam zur Erde hinabgesenkt würde. Kurz wurde es schwarz um mich. Als ich wieder aufwachte lag ich unverletzt auf dem Boden."

Vor mehr als 100 Jahren erzählte William Coote einem Reporter dieses Erlebnis. Er gehörte zu den wenigen Menschen die ein derartiges Zusammentreffen mit einem Tornado so unbeschadet überstanden haben.

Das Bedrohliche am Tornado ist „der Rüssel" der mit einer Geschwindigkeit von bis zu 650 Kilometern in der Stunde alles aufwirbelt und zerstört. Tiere und Menschen werden einfach aufgesaugt und durch die Luft geschleudert wenn sie nicht zuvor geflohen sind. Bäume und Masten die sich im Zentrum des Tornados befinden werden geknickt und Häuser brechen zusammen

12 Kennzeichne in dem vorigen Text alle Gliedsätze mit einer Wellenlinie.

13 Auch im folgenden Text fehlen die Kommas. Setze sie.

Verwandter aus der Steinzeit

Der englische Lehrer Adrian Targett hat seltenen Familienzuwachs bekommen. Forscher wiesen mittels Gen-Analyse nach dass er mit einem Höhlenmenschen aus der Steinzeit verwandt ist. Dessen Skelett wurde in der Nähe des Dorfes in dem Targett lebt gefunden. Die Forscher verglichen Genproben aus den Knochen des frühen Höhlenmenschen mit denen von Bewohnern des Dorfes. Bei Targett wurden sie fündig. Nach Ansicht der Forscher ist es „absolut sicher dass die beiden Männer verwandt sind."

14 Zum Schluss noch eine schwierige Übung. Setze im folgenden Text die fehlenden Kommas und kennzeichne alle Gliedsätze mit einer Wellenlinie und am Ende mit einer Ziffer. Schreibe anschließend wie in dem Beispiel die genaue Bezeichnung für die Gliedsätze unter den Text. Es sind insgesamt 13.

Eine Filmbeschreibung

Der Film „Der mit dem Wolf tanzt", in dem Kevin Costner die Hauptrolle spielt,[1] erzählt die Geschichte eines amerikanischen Mannes der seine Heimat und seine Liebe in einem fremden Land findet.

Da er seinen außerordentlichen Mut im amerikanischen Bürgerkrieg bewiesen hat darf sich Lieutnant John J. Dunbar einen Traum erfüllen den er sein Leben lang gehegt hat. Er möchte nämlich Dienst an der Grenze zum Indianerland leisten obwohl damit zahlreiche Gefahren verbunden sind von denen er sich jedoch nicht abhalten lässt.

Durch eine schicksalhafte Kette von Ereignissen gelangt er in ein abgelegenes Fort in der Prärie Dakotas. Sein Pferd und ein neugieriger Wolf sind dabei seine einzigen Gefährten bis ihn die benachbarten Sioux (Indianerstamm) entdecken.

Dass die Indianer zunächst sehr misstrauisch sind versteht Dunbar. Als er ihnen jedoch seinen Mut und seine Menschlichkeit beweist wird er im Stamm akzeptiert sodass es schließlich zu einer innigen Freundschaft mit den Indianern kommt.

Am Ende fällt er eine Entscheidung die ihn fast verzweifeln lässt weil er sich wieder von den Indianern trennen muss. Gelernt hat er jedoch dass das Bild der Weißen von den Indianern völlig falsch ist.

1. Relativsatz/Attributsatz
2.

Grammatische Begriffe im Vergleich

Die folgende Übersicht zeigt dir, wie die Bezeichnungen für die Wortarten, Tempusformen und die Satzglieder in verschiedenen Sprachen lauten. Da die deutsche Grammatik sich vor allem aus dem Lateinischen entwickelt hat, stimmen die Begriffe im Wesentlichen überein. Es gibt jedoch auch einige Unterschiede, wie du den Spalten eins und drei entnehmen kannst.

Deutsche Grammatik	Deutsche Übersetzung	Latein	Englisch	Französisch
Wortarten – flektierbar				
Verb	Zeitwort, Tätigkeitswort	Verb	verb	le verbe
Nomen/ Substantiv	Namenwort, Hauptwort	Sustantiv	noun	le nom
bestimmter Artikel	bestimmter Begleiter	–	definite article	l'article défini
unbestimmter Artikel	unbestimmter Begleiter	–	indefinite article	l'article indéfini
Adjektiv	Eigenschaftswort	Adjektiv	adjective	l'adjectiv
Pronomen	Fürwort	Pronomen	pronoun	le pronom
Personalpronomen	persönliches Fürwort	Personalpronomen	personal pronoun	le pronom personnel
Possessivpronomen	besitzanzeigendes Fürwort	Possessivpronomen	possessive pronoun	le pronom possessif l'adjectif possessif
Demonstrativpronomen	hinweisendes Fürwort	Demonstrativpronomen	demonstrative pronoun	le déterminant démonstratif
Relativpronomen	bezügliches Fürwort	Relativpronomen	relative pronoun	le pronom relatif
Reflexivpronomen	rückbezügliches Fürwort	Reflexivpronomen	reflexive pronoun	le pronom réfléchi
Interrogativpronomen	fragendes Fürwort	Interrogativpronomen	interrogative pronoun	le pronom interrogatif
Indefinitpronomen	unbestimmtes Fürwort	Indefinitpronomen	–	le pronom indéfini
Numerale	Zahlwort	Numerale	numeral	l'adjectif numéral

Grammatische Begriffe im Vergleich

Deutsche Grammatik	Deutsche Übersetzung	Latein	Englisch	Französisch
Wortarten – nicht flektierbar				
Adverb	Umstandswort	Adverb	adverb	l'adverbe
Präposition	Verhältniswort	Präposition	preposition	la préposition
Konjunktion nebenordnende Konj. unterordnende Konj.	Bindewort – –	Konjunktion koordinierende Konj. subordinierende Konj.	conjunction coordinating conj. subordinating conj.	la conjonction la c. de coordination la c. de subordination
Interjektion	Ausrufewort	–	–	–
Tempusformen				
Präsens	Gegenwart	Präsens	present, present tense	le présent
Präteritum	Vergangenheit	Imperfekt	past, past tense	le passé simple
Perfekt	vollendete Gegenwart	Perfekt	present perfect	le passé composé
Plusquamperfekt	vollendete Vergangenheit	Plusquamperfekt	past perfect	plus-que-parfait
Futur I	Zukunft	Futurum I	future	le futur simple/composé
Futur II	vollendete Zukunft	Futurum II	future perfect	le futur antérieur
Satzglieder				
Subjekt	Satzgegenstand	Subjekt	subject	le sujet
Prädikat	Satzaussage	Prädikat	predicate, verb link	le verbe
Prädikativ	Artergänzung	Prädikatsnomen	–	le complément du sujet
Objekt Genitivobjekt	Satzergänzung Satzergänzung im 2. Fall	Objekt Genitivobjekt	object –	l'objet –
Dativobjekt	Satzergänzung im 3. Fall	Dativobjekt	indirect object	le complément indirect
Akkusativobjekt	Satzergänzung im 4. Fall	Akkusativobjekt	direct object	le complément direct
Adverbiale	Umstandsbestimmung	adverbiale Bestimmung	adverbial	le complément circonstantiel/prépositionnel
Attribut	Beifügung	Attribut	attributive	l'épithète, le complément du nom

Bildquellenverzeichnis

S. 11: aus: Walter Moers: Die 13 1/2 Leben des Käpt'n Blaubär. Frankfurt am Main, Eichborn 1999, S. 11; **S. 19:** mediacolor's/Bundschuh; **S. 23, 155:** Archiv für Kunst und Geschichte, Berlin; **S. 26:** mediacolor's; **S. 42:** aus: Jürgen Kießling: Endlich wieder besser hören. Stuttgart, Trias Verlag 2002, S. 19, Zeichnung von Christine Lackner-Hawinghorst, Ittlingen; **S. 55:** mediacolor's/Voigt; **S. 58:** mediacolor's/Fuhrmann; **S. 65:** dpa; **S. 68, 163:** Verlagsarchiv Schöningh; **S. 70:** argum/Thomas Einberger; **S. 86 o.:** © ZEFA/W. Meier; **S. 86 u.:** mediacolor's/Brunner; **S. 89:** mediacolor's/TWC; **S. 96, 98, 136, 139:** aus: Hans Jürgen Press: Spiel, das Wissen schafft. Ravensburg, Ravensburger Buchverlag 1995, S. 62, 66, 60, 217; **S. 102:** Gutenberg Museum, Mainz; **S. 114:** Christoph Burki/Tony Stone; **S. 160:** Anthony/Löhr

Textquellenverzeichnis

S. 7/8 und Lösungen: *Sehr unbequem*, aus: Nikolaus Lenz: Das Buch der 1000 Kinderfragen. Bindlach: Loewe Verlag 1995, S. 92; **S. 10 und Lösungen:** *Die Zahl aus dem Nichts*, aus: H. Müller-Scherz: Trickkiste. Ravensburg: Ravensburger Buchverlag 1992, S. 78; **S. 18 und Lösungen:** *Gepäckschein 666*, aus: Alfred Weidenmann: Gepäckschein 666. München: C. Bertelsmann Jugendbuchverlag 1999, S. 1, © Loewes; **S. 19 und Lösungen:** *Was ist der Rückstoß?*, aus: Nikolaus Lenz: Das Buch der 1000 Kinderfragen. Bindlach: Loewe Verlag 1995, S. 85; **S. 19/20 und Lösungen:** *Jede Menge Statuen*, aus: Romain Fellens: Das große Buch der Quizfragen und Rekorde. Würzburg: Arena Taschenbuch 2001, S. 60; **S. 39 und Lösungen:** *Müsliriegel*, nach: Dr. Oetker Kinderkochbuch. Bielefeld: Ceres-Verlag 1990, S. 14f.; **S. 42 und Lösungen:** *Warum haben die Menschen zwei Augen?*, aus: Nikolaus Lenz: Das Buch der 1000 Kinderfragen. Bindlach: Loewe 1995, S. 23; **S. 42/43 und Lösungen:** *Woher wissen wir, aus welcher Richtung ein Geräusch kommt?*, nach: Nikolaus Lenz: Das Buch der 1000 Kinderfragen. Bindlach: Loewe 1995, S. 25; **S. 49 und Lösungen:** *Bildlich gesprochen*, aus: Ulla Hahn: Herz über Kopf. Gedichte. Stuttgart: Deutsche Verlagsanstalt 1981, S. 48; **S. 71/72 und Lösungen:** *Wie viele Sinne hat der Mensch?*, aus: Nikolaus Lenz: Frag mal was! Ravensburg: Ravensburger Buchverlag 1996, S. 85; **S. 81 und Lösungen:** *Der Rauch*, aus: Die Gedichte von Bertolt Brecht in einem Band. Frankfurt am Main: Suhrkamp 1981; **S. 85 und Lösungen:** *Abendrot*, aus: Fritz R. Glunk: Unsere Erde. Wissen von A-Z. Bindlach: Loewe Verlag 1996, S. 9 [leicht geändert]; **S. 85 und Lösungen:** *Luftspiegelung*, aus: Fritz R. Glunk: Unsere Erde. Wissen von A-Z. Bindlach: Loewe Verlag 1996, S. 165; **S. 85 und Lösungen:** *Welchem Vogel verdanken wir die Eichen- und Buchenwälder?*, aus: Nikolaus Lenz.: Das Buch der 1000 Kinderfragen. Bindlach: Loewe Verlag, 2. Auflage 1996, S. 195; **S. 86 und Lösungen:** *Warum haben die Afrikanischen Elefanten größere Ohren als die Indischen?*, aus: Nikolaus Lenz: Das Buch der 1000 Kinderfragen. Bindlach: Loewe Verlag, 2. Auflage 1996, S. 195; **S. 86 und Lösungen:** *Was fressen Eichhörnchen am liebsten?*, aus: Nikolaus Lenz: Das Buch der 1000 Kinderfragen. Bindlach: Loewe Verlag, 2. Auflage 1996, S. 194-195; **S. 86/87 und Lösungen:**

Textquellenverzeichnis

können Nilpferde so gut schwimmen?, aus: Nikolaus Lenz: Das Buch der 1000 Kinderfragen. Bindlach: Loewe Verlag, 2. Auflage 1996, S. 204; **S. 87 und Lösungen:** *Wie gefährlich sind Meteoriten für Menschen?*, aus: Nikolaus Lenz: Das Buch der 1000 Kinderfragen. Bindlach: Loewe Verlag, 2. Auflage 1996, S. 237 [leicht geändert]; **S. 88/89 und Lösungen:** *Ein „Babyfresser" als treuer Familienvater*, aus: Vitus B. Dröscher: Die Welt, in der die Tiere leben. Meine Expeditionen auf sechs Kontinenten. Werl i. W., Basel, Graz: Vehling Verlag o.J., S. 15 [leicht gekürzt und geändert], © Rasch & Röhring; **S. 89 und Lösungen:** *Polarfauna*, aus: Fritz R. Glunk: Unsere Erde. Wissen von A-Z. Bindlach: Loewe Verlag 1996, S. 222; **S. 96-97 und Lösungen:** *Wasserkuppe*, aus: Hans Jürgen Press: Spiel, das Wissen schafft, Ravensburg: Ravensburger Buchverlag 1995, S. 62; **S. 97-98 und Lösungen:** *Treibstoff-Seife*, aus: Hans Jürgen Press: Spiel, das Wissen schafft, Ravensburg: Ravensburger Buchverlag 1995, S. 66; **S. 105 und Lösungen:** *Man muss das Kind beim Namen nennen*, aus: Nikolaus Lenz: Das Buch der 1000 Sensationen. Bindlach: Loewe Verlag 1993, S. 231; **S. 112 und Lösungen:** *Gartenzwerge – Ein Fall für die Polizei*, aus: Neue Westfälische, 24.4.2002, © dpa; **S. 112-113 und Lösungen:** *Wilde Verfolgungsjagd*, aus: Neue Westfälische, 25.4.2002; **S. 117 und Lösungen:** *Kurzsichtig – weitsichtig – durchsichtig* und *Gibt es Brillen gegen Farbenblindheit?*, aus: Nikolaus Lenz: Das Buch der 1000 Kinderfragen. Bindlach: Loewe Verlag, 2. Auflage 1996, S. 31f.; **S. 135 und Lösungen:** *Liebeslied*, aus: Jutta Richter: Der Sommer schmeckt wie Himbeereis. München: C. Bertelsmann 1990, S. 50; **S. 136:** *Perlenkette*, aus: Hans Jürgen Press: Spiel, das Wissen schafft, Ravensburg: Ravensburger Buchverlag 1995, S. 60 [leicht geändert]; **S. 138 und Lösungen:** *Wasserorgel*, aus: Hans Jürgen Press: Spiel, das Wissen schafft, Ravensburg: Ravensburger Buchverlag 1995, S. 99 [leicht geändert]; **S. 139 und Lösungen:** *Lebende Bilder*, aus: Hans Jürgen Press: Spiel, das Wissen schafft, Ravensburg: Ravensburger Buchverlag 1995, S. 133; **S. 144-145 und Lösungen:** *Wetterzeichen*, aus: Hans Jürgen Press: Spiel, das Wissen schafft, Ravensburg: Ravensburger Buchverlag 1995, S. 157; **S. 154 und Lösungen:** *Vom Jumbo in den Jumbo*, aus: Nikolaus Lenz: Das Buch der 1000 Sensationen. Bindlach: Loewe Verlag 1993, S. 107; **S. 154 und Lösungen:** *Ein Muskel, der nicht ermüdet*, aus: Nikolaus Lenz: Das Buch der 1000 Sensationen. Bindlach: Loewe Verlag 1993, S. 119; **S. 155-156 und Lösungen:** *Die alten Römer*, aus: Entdeckt und nachgebaut. Lebendige Geschichte. Römer, Ägypter, Indianer und ihre Welt. Nürnberg: Tessloff Verlag 2000, S. 4; **S. 156 und Lösungen:** *Tunika und Sandalen*, aus: Entdeckt und nachgebaut. Lebendige Geschichte. Römer, Ägypter, Indianer und ihre Welt. Nürnberg: Tessloff Verlag 2000, S. 12 [leicht geändert]; **S. 157 und Lösungen:** *Römische Häuser*, aus: Entdeckt und nachgebaut. Lebendige Geschichte. Römer, Ägypter, Indianer und ihre Welt. Nürnberg: Tessloff Verlag 2000, S. 20 [leicht geändert]; **S. 158:** *Das Abendessen*, aus: Entdeckt und nachgebaut. Lebendige Geschichte. Römer, Ägypter, Indianer und ihre Welt. Nürnberg: Tessloff Verlag 2000, S. 28 [leicht geändert]; **S. 159:** *Römische Zahlen*, aus: Entdeckt und nachgebaut. Lebendige Geschichte. Römer, Ägypter, Indianer und ihre Welt. Nürnberg: Tessloff Verlag 2000, S. 33 [leicht gekürzt]; **S. 164-165 und Lösungen:** Thomas Fröhling: *Tornados*, aus: Treff Jugendbuch 1998. Seelze: Velber Verlag 1997, S. 44f. [leicht gekürzt und geändert]; **S. 165 und Lösungen:** *Verwandter aus der Steinzeit*, aus: Treff Jugendbuch 1998. Seelze: Velber Verlag 1997, S. 62

Wir arbeiten sehr sorgfältig daran, für alle vorhandenen Abbildungen die Rechteinhaberinnen und Rechteinhaber zu ermitteln. Sollte uns dies im Einzelfall nicht vollständig gelungen sein, werden berechtigte Ansprüche selbstverständlich im Rahmen der üblichen Vereinbarungen abgegolten.

Sachregister

Adjektiv 10 ff.
Adjektivattribut 95 ff.
Adverb 13
adverbiale Bestimmung 92 ff., 109
Adverbialsatz 106 ff., 134
Adversativsatz 129 ff.
Akkusativ 7
Akkusativobjekt 88 ff.
Aktiv 24 ff.
Apposition 95 ff.
Artikel 7
Attribut 95 ff.
Attributsatz 95, 106, 148 ff.

Dativ 7
Dativobjekt 88 ff.
Demonstrativpronomen 14 f.
direkte Rede 50 ff.

Ersatzform 60 ff.

Finalsatz 120 ff.
finite Verbformen 19 ff., 67
Futur I 22 ff.
Futur II 22 ff.

Genitiv 7
Genitivattribut 95 ff.
Genus 7
Genus verbi 24 ff.
Gliedsatz 101 ff.
Grundstufe 10

Handlungsart 24 ff.
Hauptsatz 99 ff.

Imperativ 41
Indefinitpronomen 14, 16
Indikativ 41 ff.
indirekte Rede 50 ff.
infinite Verbformen 19 ff.
Instrumentaladverbiale 92 ff.
Irrealis 43 ff.

Kasus 7
Kausaladverbiale 92 ff.
Kausalsatz 113 ff.
Komparativ 10
Komparativsatz 126 ff.
komplexes Satzgefüge 103 ff.
Konditionalsatz 115 ff.
Konjunktionen 99 ff., 107 ff.
Konjunktiv I 41, 50 ff., 54 ff.
Konjunktiv II 41, 43 ff.

Konsekutivsatz 117 ff.
Konzessivsatz 122 ff.

Lokaladverbiale 92 ff.
Lokalsatz 131 ff.

Modaladverbiale 92 ff.
Modalsatz 124 ff.
Modus 41 ff.

nebenordnende Konjunktion 99 ff.
Nebensatz 101 ff.
Nomen/Substantiv 7 ff.
Nominalisierung 7
Nominativ 7

Objekt 88 ff.
Objektsatz 106, 143 ff.

Partizip I 20 f.
Partizip II 20 ff.
Passiv 24, 26 ff.
Perfekt 22 ff.
Personalpronomen 14
Plusquamperfekt 22 ff.
Possessivpronomen 14
Prädikat 83 ff.
Präposition 12 ff.
präpositionales Attribut 95 ff.
präpositionales Objekt 90 f.
Präsens 22 ff.
Präteritum 22 ff.
Pronomen 14 ff.

Reflexivpronomen 14, 17 f.
Relativpronomen 14, 148 ff.
Relativsatz 106, 148 ff.

Satzgefüge 101 ff.
Satzglieder 83 ff.
Satzgliedteile 95 ff.
Satzreihe 99 f.
Subjekt 83 ff.
Subjektsatz 106, 140 ff.
Superlativ 10

täterloses Passiv 37 ff.
Temporaladverbiale 92 ff.
Temporalsatz 111 ff.

Umstandsbestimmung 92 ff.
unterordnende Konjunktion 107 ff.

Verb 19 ff.
Vorgangspassiv 27 ff.

Zeitformen des Verbs 22 ff.
Zustandspassiv 36 f.

LERNHILFEN

W.-D. Jägel, Grundlagen Deutsch

Formentafeln zur deutschen Grammatik	Von Michael Fuchs 77 Seiten, geh., Best.-Nr. 025161 0
Grammatik	Von Johannes Diekhans und Othmar Höfling 56 Seiten, geh., Best.-Nr. 025101 7
Grammatik der deutschen Sprache	Von Annette Kirchhoff, Isabel Kirchhoff, Kirsten Levermann und Beatrix Schlupp ca. 280 Seiten, geb., mit Lösungen, Best.-Nr. 025202 1 In Vorbereitung
Grammatik üben 5	Von Johannes Diekhans und Michael Fuchs 131 Seiten, kart., mit Lösungen 47 Seiten, Best.-Nr. 025112 2
Grammatik üben 6	Von Johannes Diekhans und Michael Fuchs 173 Seiten, kart., mit Lösungen 56 Seiten, Best.-Nr. 025191 2
Der Weg zur sicheren Zeichensetzung	Von Johannes Diekhans 64 Seiten, geh., mit Lösungen 24 Seiten, Best.-Nr. 025102 5
Der Weg zur sicheren Rechtschreibung	Von Johannes Diekhans 112 Seiten, kart., mit Lösungen 31 Seiten, Best.-Nr. 025103 3
Rechtschreibung üben 5	Von Ulrich Horch-Enzian 131 Seiten, kart., mit Lösungen 24 Seiten, Best.-Nr. 025104 1
Rechtschreibung üben 6	Von Ulrich Horch-Enzian 137 Seiten, kart., mit Lösungen 28 Seiten, Best.-Nr. 025105 X
Rechtschreibung üben 7/8	Von Ulrich Horch-Enzian 145 Seiten, kart., mit Lösungen 36 Seiten, Best.-Nr. 025106 8
Rechtschreibung üben 9/10	Von Ulrich Horch-Enzian 132 Seiten, kart., mit Lösungen 40 Seiten, Best.-Nr. 025107 6
Aufsatz 5	Von Peter Kohrs und Johannes Diekhans 88 Seiten, kart., mit Lösungen 24 Seiten, Best.-Nr. 025108 4
Aufsatz 6	Von Peter Kohrs und Johannes Diekhans 96 Seiten, kart., mit Lösungen 24 Seiten, Best.-Nr. 025109 2
Aufsatz 7/8	Von Franz Waldherr 104 Seiten, kart., mit Lösungen 30 Seiten, Best.-Nr. 025110 6
Diktate 2.–4. Schuljahr	Von Johannes Diekhans und Michael Fuchs 119 Seiten, kart., Best.-Nr. 074118 9
Diktate 4.–6. Schuljahr	Von Johannes Diekhans 104 Seiten, kart., Best.-Nr. 074112 X
Diktate 7.–10. Schuljahr	Von Johannes Diekhans und Michael Fuchs 138 Seiten, kart., Best.-Nr. 074113 8
Übungs- und Prüfungsdiktate 5.–10. Schuljahr	Von Johannes Diekhans und Michael Fuchs 216 Seiten, geb., Best.-Nr. 074114 6

Fordern Sie unseren Prospekt zur Reihe an:
Informationen zum Nulltarif ✆ 08 00 / 1 81 87 87

SCHÖNINGH VERLAG
im Westermann Schulbuchverlag GmbH
Postfach 2540 · 33055 Paderborn

Schöningh

E-Mail: info@schoeningh.de
Internet: http://www.schoeningh.de

Lösungen

Wortarten

Das Nomen

S. 7–8, Ü 1: **Sehr unbequem**
Bei <u>den frühen Fotografen</u> mussten <u>die Modelle</u> minutenlang regungslos sitzen, bis <u>das Filmmaterial</u> <u>jener Zeit</u> belichtet war. Wenn man sich bewegte oder <u>einer anderen Person</u> zuzwinkerte, wurde <u>das Bild</u> unscharf – daher kommen <u>die starren Posen</u>. Besonders unangenehm war <u>die Sache</u> <u>für die Kinder</u>. Sie konnten nicht gut so lange still sitzen und <u>der Fotograf</u> musste <u>den Versuch</u> häufig wiederholen.

S. 8, Ü 2: die Modelle – Plural, Neutrum, Nominativ
das Filmmaterial – Singular, Neutrum, Nominativ
jener Zeit – Singular, Femininum, Genitiv
einer anderen Person – Singular, Femininum, Dativ
das Bild – Singular, Neutrum, Nominativ
die starren Posen – Plural, Femininum, Nominativ
die Sache – Singular, Femininum, Nominativ
für die Kinder – Plural, Neutrum, Akkusativ
der Fotograf – Singular, Maskulinum, Nominativ
den Versuch – Singular, Maskulinum, Akkusativ

S. 8, Ü 3: Finsternis, Heiterkeit, Krankheit, Reichtum, Traurigkeit, Schönheit, Kindheit, Tapferkeit, Faulheit, Vergebung, Verzeihung, Fürstentum, Klugheit, Schlauheit, Weisheit, Entschuldigung, Umleitung, Erlaubnis

S. 9, Ü 4: Kuriose **Schulregeln**
Das **Herunterrutschen** auf den **Treppengeländern** ist ausdrücklich erwünscht, um die **Treppenstufen** zu schonen. Ebenso ist das **Klettern** an der **Hauswand** erlaubt. Das **Schreiben** von **Klassenarbeiten** wird nicht gerne gesehen, stattdessen wird das **Vorsingen** der verfassten **Texte** bevorzugt. Als **Entschuldigung** für ihr **Fehlen** mögen die **Schüler** das **Blaue** vom **Himmel** erzählen, aber nicht das **Grüne** der **Wiese**.

S. 9, Ü 5: Freie Aufgabe; Beispiele:
Das Lernen der Englischvokabeln ist sehr unerwünscht. **Das Spielen** während des Unterrichts führt zu guten Noten in der mündlichen Mitarbeit. **Das Schwätzen** mit dem Nachbarn wird gelobt. **Das Essen** während des Unterrichts gilt als sehr höflich. **Das Schlafen** während des Unterrichts wird vom Lehrer nicht unterbunden.

Zu den Seiten 10–12

Das Adjektiv

S. 10, Ü 1: **Die Zahl aus dem Nichts**
Du zeigst eine <u>schwarze</u> Schiefertafel, die auf beiden Seiten <u>leer</u> ist. Dann wickelst du sie in einen <u>weißen</u> Papierbogen und hältst sie <u>hoch</u>. Einer deiner Zuschauer soll dir eine Zahl zwischen 1 und 99 zurufen. In einem Augenblick <u>höchster</u> Spannung entfernst du den Papierbogen von deiner <u>magischen</u> Tafel – und auf der einen Seite steht <u>klar</u> und <u>deutlich</u> die Zahl, die der Zuschauer zuvor genannt hat.
Der Trick gelingt, wenn du eine Hälfte des <u>weißen</u> Papiers vorher <u>dick</u> mit Kreide eingerieben hast. Diese Seite muss natürlich immer dir zugewandt sein. Beim Einwickeln kommt sie auf die Tafelrückseite, und zwar so, dass sich die Kreide abdrückt, wenn du die Zahl mit dem Daumen <u>blitzschnell</u> auf das Einwickelpapier schreibst.

S. 11, Ü 2: **Käpt'n Blaubär erzählt**
In seinem sehr **umfangreichen** Buch „Die dreizehneinhalb Leben des Käpt'n Blaubär" lässt der **bekannte** Schriftsteller Walter Moers den **beliebten** Käpt'n Blaubär dessen **aufregendes** Leben erzählen. Seine erste Erinnerung sei, dass er in **rauer** See getrieben sei, **nackt** und allein in einer Nussschale. Er habe darein gepasst, weil er sehr, sehr **klein** gewesen sei. Weiterhin erinnere er sich an ein sehr **großes** Geräusch, von dem er heute wisse, dass es das **größte** Geräusch der Welt gewesen sei. Erzeugt worden sei das Geräusch von dem **monströsesten, lautesten** und **gefährlichsten** Wasserwirbel der sieben Weltmeere. Das habe er aber damals nicht gewusst. Wahrscheinlich habe er damals eben gedacht, es sei der **natürlichste** Zustand der Welt, **nackt** in einer Nussschale auf dem **offenen** Meer einem **ohrenbetäubenden** Tosen entgegenzutreiben.

Die Präposition

S. 12, Ü 1: **Neugierige Wanzen**
Der Gast trägt sich <u>in</u> das Hotelbuch ein. Da sieht er eine dicke Wanze <u>über</u> das Blatt laufen. „Hier bleibe ich nicht", sagt er <u>zum</u> Portier. „Ich habe schon <u>in</u> vielen Hotels Wanzen angetroffen, aber dass sie sich gleich <u>nach</u> meiner Zimmernummer erkundigen, das geht zu weit."

Gute Führung
Der Lehrer sagt <u>zur</u> Mutter, die ihren sechsjährigen Sohn <u>von</u> der Schule abholt: „Ihr Junge ist das bravste Kind, das ich <u>in</u> der Klasse habe." „Das hat er <u>von</u> seinem Vater", antwortet die Mutter erfreut, „der wird auch jedes Mal <u>wegen</u> guter Führung entlassen."

Gutes Geschäft
Zwei Vertreter unterhalten sich. „Ich verkaufe <u>seit</u> zehn Jahren Kühlschränke <u>an</u> die Eskimos", erzählt der eine.
„Na und? Ich verkaufe <u>seit</u> 20 Jahren Kuckucksuhren <u>an</u> die Amerikaner."
„Und was ist das Besondere daran?"
„<u>Bei</u> jeder Uhr verkaufe ich noch zwei Zentner Vogelfutter zusätzlich."

Zu den Seiten 12–15

Mütter

„Ich kann es meiner Mutter einfach nicht recht machen", sagt Fritzchen <u>zu</u> seinem Freund. „Tobe ich <u>im</u> Zimmer herum, so schimpft sie. Bleibe ich aber ruhig <u>auf</u> einem Stuhl sitzen, dann kommt sie gleich <u>mit</u> dem Fieberthermometer hereingestürzt."

Das Adverb

S. 13, Ü 1:
- Er arbeitet <u>nachts</u>. Z
- <u>Anfangs</u> waren wir von seinem Plan begeistert. Z
- Sie waren drei Tage <u>fort</u>. O
- Mein Tennisschläger liegt <u>oben</u> im Regal. O
- Ich habe ihn <u>irgendwo</u> schon einmal gesehen. O
- Die Spinnen kamen von <u>überall</u> her und krochen <u>überall</u> hin. O
- Man sollte niemandem <u>blindlings</u> gehorchen. A
- Er sprang <u>kopfüber</u> ins Wasser. A
- Wir sind im Urlaub und können sie <u>folglich</u> nicht besuchen. G
- Er war <u>jederzeit</u> bereit mir zu helfen. Z
- Ich werde <u>irgendwie</u> die nächste Klassenarbeit schaffen. A
- Ich gehe <u>zuerst</u> zur Post und komme <u>nachher</u> zu dir. Z
- Er kommt <u>oft</u> zu spät. Z
- Er hat mir <u>anstandslos</u> beim Umzug geholfen. A
- Ich habe <u>gestern</u> für den Wettkampf trainiert. Z
- <u>Morgens</u> komme ich nur schwer aus dem Bett. Z

Das Pronomen

S. 14, Ü 1:

		Personal- pronomen			Personal- pronomen
Singular	1. Person 2. Person 3. Person	ich du er, sie, es	Plural	1. Person 2. Person 3. Person	wir ihr sie

S. 14–15, Ü 2:
Erwischt
Zwei Ganoven sitzen im Hinterzimmer einer schmuddeligen Kneipe und spielen Poker. Brüllt der eine plötzlich: „<u>Du</u> spielst falsch! <u>Ich</u> habe genau gesehen, wie <u>du</u> gerade ein gezinktes Ass aus dem Ärmel gezogen hast!"
„Stimmt", antwortet der andere, „aber aus <u>deinem</u> Ärmel."

S. 15, Ü 3:
- Möchten Sie vielleicht **die/diese** Jacke einmal anprobieren?
- Gestern haben wir 5:0 gewonnen. **Ein solches** Ergebnis hätten wir nie erwartet.
- Meike hat sich nicht verändert. Sie ist immer noch **dieselbe**.
- Ich suche **denjenigen** Lehrer, der mir keine Hausaufgaben aufgibt.
- Gestern habe ich die Vorfahrtsregeln gelernt. **Diese** Regeln kann ich mir einfach nicht merken.
- Märchen spielen in **jener** Zeit, als das Wünschen noch geholfen hat.

Zu den Seiten 16–18

S. 16, Ü 4:
- **Man** spricht nicht mit vollem Mund.
- Wenn du dich verirrt hast, kannst du **jemanden** nach dem Weg fragen.
- Gibt es **irgendetwas**, womit ich dir eine Freude machen kann?
- Das will schon **etwas** heißen.
- Ich glaube **nichts**, was ich nicht mit eigenen Augen gesehen habe.
- Manchmal hätte ich gerne **ein paar** Tage mehr Ferien.
- Als ich kam, war **niemand** mehr da.
- Darf es **ein bisschen** mehr sein?

S. 17, Ü 5:
- Die Handballer streifen sich vor Spielbeginn ihr Trikot über.
- Wir haben uns allein aus der misslichen Lage befreit.
- Mareike kämmt sich ihre langen Haare.
- Mark ärgert sich über seine schlechte Note.
- Du solltest dir eine Pause gönnen.
- Ich schenke mir zu Weihnachten ein dickes Buch.

S. 17, Ü 6:
Pech
Die beiden Einbrecher haben sich in mühseliger Kleinarbeit bis zum Tresorraum der Bank vorgegraben. Doch dort entdecken sie ein Schild mit der Aufschrift „Eintritt verboten". Enttäuscht wenden sie sich dem Tunnelausgang zu. Knurrt der eine: „So ein Pech! Wenn das Schild da nicht gehangen hätte, bräuchten wir uns nie mehr Sorgen um das Geld zu machen."

S. 18, Ü 7:
Alfred Weidenmann
Gepäckschein 666
„Schuhe putzen gefällig?", fragte Peter Pfannroth höflich, als ein ziemlich dicker Mann in einem Regenmantel auf ihn zukam. „Was denn sonst? Wenn ich Hustensaft will, geh ich in die Apotheke", brummte der Dicke und setzte sich in einen der beiden Drehstühle, der noch frei war.
„Dass du mir mit deiner verdammten Wichse nicht auf meine Socken kommst!" Der Dicke stellte jetzt seine Füße wie zwei Handkoffer vor sich auf den Schemel und zündete sich eine Zigarre an.
„Gestatten Sie, dass ich Ihre Hosenbeine hochkremple?"
Der Dicke gab keinen Ton von sich. Er hüllte sich in dichte Rauchwolken und sah zu dem freien Platz hinüber, der vor dem Bahnhof lag.
„Danke schön", sagte Peter trotzdem und schlug die Hosenenden nach oben. Dabei sah er neben sich zu einem zweiten Jungen. Dieser zweite Junge hatte strohblonde Locken, war dünn wie ein Brett und hieß Emil Schlotterbeck.
„Natürlich wieder eine Baustelle! In dieser Stadt fällt man nur noch von einem Loch ins andere. Lauter Baustellen!" Der Dicke kaute grim-

Zu den Seiten 18–20

mig an <u>seiner</u> Zigarre, paffte den Rauch aus wie eine Lokomotive, <u>die</u> überheizt ist, und sah immer noch zum Bahnhofsplatz hinüber.

Personalpronomen	Possessivpronomen	Demonstrativpronomen
ihn	deiner	dieser
ich	meine	
du	seine	
mir	Ihre	
Sie	seiner	
er		

Relativpronomen	Reflexivpronomen	Indefinitpronomen
der	sich	man
die		

Das Verb

S. 19–20, Ü 1: **Was ist der Rückstoß?**
Wenn wir einen Gartenschlauch <u>aufdrehen</u> und nicht <u>festhalten</u>, <u>spritzt</u> und <u>tanzt</u> er wild in der Gegend <u>herum</u>. Die Kraft, die ihn <u>bewegt</u>, <u>nennt</u> man den Rückstoß. Jeder Gegenstand, der etwas <u>wegstößt</u> oder <u>ausstößt</u>, <u>wird</u> selbst in die Gegenrichtung <u>gestoßen</u>. Der Rückstoß <u>bewegt</u> den Schlauch, aus dem das Wasser <u>spritzt</u>.
Er <u>schießt</u> auch einen aufgeblasenen Luftballon <u>herum</u>, wenn man die Luft aus der Öffnung <u>weichen</u> <u>lässt</u>.

Jede Menge Statuen
2 300 Statuen <u>blicken</u> vom Mailänder Dom <u>herab</u> auf die Stadt. Eine davon <u>trägt</u> das steinerne Abbild eines Kopfes von Napoleon Bonaparte. Der französische Kaiser <u>hatte</u> einen wichtigen Beitrag für den 148 Meter langen Dom in der italienischen Stadt <u>geleistet</u>; aus diesem Grund <u>bedankten</u> sich die Verantwortlichen, indem sie einer der vielen Statuen das Antlitz des kaiserlichen Kopfes <u>gaben</u>. Doch auch ohne Napoleons Kopf <u>ist</u> der Marmorbau eine der beliebtesten Sehenswürdigkeiten Italiens. Der Grundstein des Mailänder Doms <u>wurde</u> am 15. März 1386 <u>gelegt</u> und insgesamt 579 Jahre <u>wurde</u> an dem Gotteshaus <u>gebaut</u>. 40 000 Menschen <u>finden</u> darin Platz. Der Dom <u>zählt</u> zu den beliebtesten Sehenswürdigkeiten Italiens.

Zu den Seiten 20–24

S. 20, Ü 2:

Infinitiv	Partizip I	Partizip II
rufen	rufend	gerufen
schneiden	*schneidend*	geschnitten
rasen	rasend	*gerast*
werben	*werbend*	*geworben*
wachsen	*wachsend*	gewachsen
spielen	*spielend*	*gespielt*
essen	*essend*	*gegessen*
sprechen	*sprechend*	*gesprochen*

S. 21–22, Ü 3:
- Gestern bin ich vor **laufendem** Fernseher **eingeschlafen**.
- **Sehenden** Auges ist er in sein Unglück **gerannt**.
- Als Versuchsperson in einem Schlaflabor habe ich **schlafend** mein Geld **verdient**.
- Gestern habe ich einen **sprechenden** Papagei **gekauft**.
- In Venedig habe ich **singende** Gondoliere, die ihre Fahrgäste in Gondeln transportieren, **erlebt**.
- Auf dem Mississippi sind schon viele Schiffe durch **treibendes** Holzgut zum Untergang **gebracht** worden.
- Viele Menschen haben angeblich **fliegende** Untertassen **gesehen**.
- Postboten werden oft durch Schilder vor **beißenden** Hunden **gewarnt**.
- Die Räder einer Wassermühle werden durch **fließendes** Wasser **angetrieben**.
- Die **blühenden** Blumen haben uns im Frühling stets **erfreut**.
- Mit **leuchtenden** Laternen haben die Kinder am Martinszug **teilgenommen**.
- Autofahrer werden durch Schilder vor **spielenden** Kindern **gewarnt**.

S. 23–24, Ü 4:

Der Siegeszug des Fernsehens
Das Zeitalter des Fernsehens <u>begann</u> in Deutschland offiziell im Jahr 1952. Es <u>dauerte</u> jedoch noch etliche Jahre, bis die flimmernden Kästen in die meisten Haushalte <u>kamen</u>. Schon wesentlich früher <u>hatte</u> es Versuche mit Fernsehgeräten <u>gegeben</u>, im Jahr 1928 in den Vereinigten Staaten von Amerika. 1932 <u>startete</u> der britische Sender BBC mit den ersten Fernsehsendungen. Farbfernseher <u>gibt</u> es in Deutschland seit 1967.

Altes Spielzeug
Kinderspielzeug der Urmenschen <u>hat</u> man in Höhlen <u>gefunden</u>. Forscher <u>haben</u> die besonders schön geformten Steine und die seltsam geschnitzten Knochen als Spielzeug der Höhlenmenschen <u>identifiziert</u>.

Schule in der Zukunft
Wie <u>werden</u> in der Zukunft Schülerinnen und Schüler in der Schule <u>lernen</u>? <u>Wird</u> es noch Lehrer <u>geben</u> oder <u>werden</u> die Schüler nur noch an Computern <u>sitzen</u>? <u>Werden</u> sie sich überhaupt noch aus dem Haus

Zu den Seiten 24–26

begeben oder wird ihnen alles per elektronischer Post nach Hause geschickt?

Präsens	Präteritum	Perfekt
gibt	begann	hat gefunden
	dauerte	haben identifiziert
	kamen	
	startete	

Plusquamperfekt	Futur I
hatte gegeben	werden lernen
	wird geben
	werden sitzen
	werden begeben
	wird geschickt

S. 24–25, Ü 5:
- Ich gehe zur Schule. A
- Klaus wird von seiner Mutter gerufen. P
- Lisa gibt Yasmin das Buch zurück. A
- Gestern wurde die Sparkasse überfallen. P
- Die Räuber bedrohten die Bankangestellten. A
- Der Sturm entwurzelte viele Bäume. A
- Hagelkörner verursachten Blechschäden an den Autos. A
- Viele Häuserdächer wurden abgedeckt. P
- Den Menschen wurde schnell von der Feuerwehr geholfen. P
- Das Fußballspiel wurde wegen des Unwetters abgebrochen. P
- Der Schiedsrichter schickte die Spieler in die Kabinen. A
- Die Zuschauer flüchteten unter das Tribünendach. A
- Später wurde der Rasen von der Sonne getrocknet. P
- Der Schiedsrichter pfiff das Spiel erneut an. A
- Keine der Mannschaften schoss ein Tor. A
- Die Torhüter wurden bejubelt. P

S. 25–26, Ü 6:
- <u>Maren und Julia</u> schreiben zusammen einen Kriminalroman.
- <u>Hass</u> verursacht viele Konflikte.
- <u>Der Zauberer</u> holt ein Kaninchen aus dem Zylinder.
- <u>Eichhörnchen</u> sammeln im Herbst ihren Wintervorrat.
- In der großen Pause bewerfen sich <u>die Schülerinnen</u> mit Schneebällen.
- Früher hat <u>die Großmutter</u> den Enkeln Märchen erzählt.
- In der Zukunft werden <u>Computer</u> noch mehr unseren Alltag bestimmen.
- <u>Gläubige Muslime</u> müssen einen Monat lang fasten.
- <u>Japanische Perlentaucher</u> tauchen bis zu neun Minuten ohne Atemgerät.
- <u>Die Bundesregierung</u> erlässt schärfere Gesetze gegen Umweltsünder.
- Bis zu 4,5 Tonnen Sauerstoff produziert <u>eine einzige Buche</u> im Jahr.
- <u>Die Freiheitsstatue</u> steht im Hafen von New York.

Zu den Seiten 26–28

S. 26–27, Ü 7:
- Der Fabrikschornstein wurde zum Einsturz gebracht. V
- Der morsche Turm ist eingestürzt. Z
- Vögel werden beim Fliegen vom Aufwind getragen. V
- Der Motor wird in das Auto eingebaut. V
- Das Korn ist gedroschen. Z
- Im Frühjahr werden die Winterschläfer von der Wärme geweckt. V
- Obststräucher werden im Winter zurückgeschnitten. V
- Alle Äpfel sind in der Mosterei verarbeitet worden. V
- Der durch die dünne Eisdecke eingebrochene Junge ist gerettet. Z
- Das kleine Kind wurde von der Feuerwehr aus dem brennenden Haus gerettet. V
- Die Süßigkeiten werden von den Kindern schnell vernascht. V
- Das ganze Eis aus der Truhe ist aufgegessen. Z

S. 27–28, Ü 8:

		Präsens
Singular	1.	ich werde geschlagen
	2.	du **wirst** geschlagen
	3.	er, sie oder es **wird** geschlagen
Plural	1.	wir werden **geschlagen**
	2.	**ihr** werdet geschlagen
	3.	sie **werden geschlagen**
		Präteritum
Singular	1.	ich wurde geschlagen
	2.	du **wurdest** geschlagen
	3.	er, sie oder es wurde **geschlagen**
Plural	1.	wir **wurden geschlagen**
	2.	**ihr** wurdet geschlagen
	3.	sie **wurden geschlagen**
		Futur I
Singular	1.	ich werde geschlagen werden
	2.	du **wirst** geschlagen **werden**
	3.	er, sie oder es **wird geschlagen** werden
Plural	1.	wir **werden geschlagen werden**
	2.	**ihr** werdet **geschlagen werden**
	3.	**sie werden geschlagen werden**
		Perfekt
Singular	1.	ich bin geschlagen worden
	2.	du **bist** geschlagen worden
	3.	er, sie oder es ist **geschlagen worden**
Plural	1.	**wir** sind **geschlagen** worden
	2.	ihr seid **geschlagen worden**
	3.	**sie** sind **geschlagen worden**

		Plusquamperfekt
Singular	1.	ich war geschlagen worden
	2.	du **warst** geschlagen worden
	3.	er, sie oder es **war geschlagen** worden
Plural	1.	wir **waren geschlagen worden**
	2.	ihr wart **geschlagen worden**
	3.	sie waren **geschlagen worden**
Singular		**Futur II**
	1.	ich werde geschlagen worden sein
	2.	du **wirst geschlagen** worden sein
	3.	er, sie oder es wird **geschlagen worden sein**
Plural	1.	**wir werden geschlagen worden** sein
	2.	ihr **werdet** geschlagen **worden sein**
	3.	**sie werden** geschlagen **worden sein**

S. 29–31, Ü 9:

Präsens	Das Haus wird gestrichen.
Präteritum	*Das Haus wurde gestrichen.*
Perfekt	*Das Haus ist gestrichen worden.*
Plusquamperfekt	*Das Haus war gestrichen worden.*
Futur I	*Das Haus wird gestrichen werden.*

Präsens	*Das Auto wird repariert.*
Präteritum	Das Auto wurde repariert.
Perfekt	*Das Auto ist repariert worden.*
Plusquamperfekt	*Das Auto war repariert worden.*
Futur I	*Das Auto wird repariert werden.*

Präsens	*Ich werde gelobt.*
Präteritum	*Ich wurde gelobt.*
Perfekt	Ich bin gelobt worden.
Plusquamperfekt	*Ich war gelobt worden.*
Futur I	*Ich werde gelobt werden.*

Präsens	*Der Bau wird fertig gestellt.*
Präteritum	*Der Bau wurde fertig gestellt.*
Perfekt	*Der Bau ist fertig gestellt worden.*
Plusquamperfekt	*Der Bau war fertig gestellt worden.*
Futur I	Der Bau wird fertig gestellt werden.

Zu den Seiten 29–33

Präsens	*Die Chance wird verpasst.*
Präteritum	Die Chance wurde verpasst.
Perfekt	*Die Chance ist verpasst worden.*
Plusquamperfekt	*Die Chance war verpasst worden.*
Futur I	*Die Chance wird verpasst werden.*
Präsens	*Der Dieb wird gefasst.*
Präteritum	*Der Dieb wurde gefasst.*
Perfekt	*Der Dieb ist gefasst worden.*
Plusquamperfekt	*Der Dieb war gefasst worden.*
Futur I	*Der Dieb wird gefasst werden.*
Präsens	*Das Fest ist gut organisiert.*
Präteritum	*Das Fest war gut organisiert.*
Perfekt	*Das Fest ist gut organisiert worden.*
Plusquamperfekt	*Das Fest war gut organisiert worden.*
Futur I	*Das Fest wird gut organisiert werden.*
Präsens	*Die Einladungen werden verteilt.*
Präteritum	*Die Einladungen waren verteilt.*
Perfekt	*Die Einladungen sind verteilt worden.*
Plusquamperfekt	*Die Einladungen waren verteilt worden.*
Futur I	*Die Einladungen werden verteilt werden.*
Präsens	*Das Badewasser wird eingelassen.*
Präteritum	*Das Badewasser wurde eingelassen.*
Perfekt	*Das Badewasser ist eingelassen worden.*
Plusquamperfekt	*Das Badewasser war eingelassen worden.*
Futur I	*Das Badewasser wird eingelassen werden.*

S. 32–33, Ü 10:
- Der Maler streicht das Haus.
  Das Haus wird von dem Maler gestrichen.
- Die Katze frisst die Maus.
  Die Maus wird von der Katze gefressen.
- Der Dirigent leitet das Orchester.
  Das Orchester wird von dem Dirigenten geleitet.
- Das fließende Wasser treibt das Mühlrad an.
  Das Mühlrad wird von dem fließenden Wasser angetrieben.

Zu den Seiten 32–35

- Marion beobachtet in der Dunkelheit die Sterne.
  Die Sterne werden in der Dunkelheit von Marion beobachtet.
- Die Scheinwerfer strahlen nachts den Dom an.
  Der Dom wird nachts von den Scheinwerfern angestrahlt.
- Ich schieße den Ball ins Aus.
  Der Ball wird von mir ins Aus geschossen.
- Claudia bereitet den Nudelsalat zu.
  Der Nudelsalat wird von Claudia zubereitet.
- Die Polizei verhaftet den Dieb.
  Der Dieb wird von der Polizei verhaftet.

S. 33–34, Ü 11:
- Viele Schüler vergaßen die Bücher. **(Präteritum)**
  Die Bücher wurden von vielen Schülern vergessen.
- Der Dieb hat ein wertvolles Bild gestohlen. **(Perfekt)**
  Ein wertvolles Bild ist von dem Dieb gestohlen worden.
- Die Kuh wird das Heu fressen. **(Futur I)**
  Das Heu wird von der Kuh gefressen werden.
- Der Automechaniker hatte vorher das Blech gebogen. **(Plusquamperfekt)**
  Das Blech war vorher von dem Automechaniker gebogen worden.
- Tanja empfiehlt der Klasse Harry Potter zu lesen. **(Präsens)**
  Der Klasse wird von Tanja empfohlen Harry Potter zu lesen.
- Viele Menschen haben die Warnung nicht gelesen. **(Perfekt)**
  Die Warnung ist von vielen Menschen nicht gelesen worden.
- Ich werde morgen das Auto waschen. **(Futur I)**
  Das Auto wird morgen von mir gewaschen werden.
- Ich wiege das Obst ab. **(Präsens)**
  Das Obst wird von mir abgewogen.
- Die Bayern hatten das Spiel 2:0 verloren. **(Plusquamperfekt)**
  Das Spiel war von den Bayern 2:0 verloren worden.

S. 34–35, Ü 12:
- Das Pferd zieht die Kutsche.
  Die Kutsche wird von dem Pferd gezogen.
- Der Schiedsrichter sieht das Foul.
  Das Foul wird von dem Schiedsrichter gesehen.
- Der Einbrecher stiehlt das wertvolle Gemälde.
  Das wertvolle Gemälde wird von dem Einbrecher gestohlen.
- Die Klasse liest das spannende Buch.
  Das spannende Buch wird von der Klasse gelesen.
- Der Meteorologe sagt das Wetter vorher.
  Das Wetter wird von dem Meteorologen vorhergesagt.
- Schülerlotsen helfen den Schulkindern beim Überqueren der Straße.
  Den Schulkindern wird von Schülerlotsen beim Überqueren der Straße geholfen.
- Der Zirkusartist verbiegt eine dicke Eisenstange.
  Eine dicke Eisenstange wird von dem Zirkusartisten verbogen.
- Der Koch brät die Fische in der Pfanne.
  Die Fische werden von dem Koch in der Pfanne gebraten.

Zu den Seiten 36–40

S. 36, Ü 13:
- Der Fisch ist gebraten.
- Der Junge ist gerettet.
- Das Feuer ist gelöscht.
- Der Aufsatz ist geschrieben.
- Der Vorhang war geöffnet.
- Der Cowboy war am Marterpfahl gefesselt.
- Die Einladung zum Geburtstag war verteilt.
- Die Klassenzimmertür ist abgeschlossen.

S. 37, Ü 14:
- Gestern wurde der Tafelschwamm versteckt.
- Am Morgen wurde ein Überfall auf die Bank verübt.
- Die Scheibe wurde mit einem Stein eingeworfen.
- Ein Wagen wird durch Heruntertreten des Gaspedals beschleunigt.
- Der volle Wassereimer wurde vor die Tür gestellt.

S. 38, Ü 15:

Langer Draht
52 Jahre war die Flaschenpost unterwegs, die 1903 von einer deutschen Südpolexpedition den Wellen übergeben wurde. <u>Die Botschaft wurde am 19. März 1955 in Neuseeland an Land gespült.</u>

Leuchttürme
<u>Bis zu 50 Kilometer weit sind die Scheinwerfer der Leuchttürme zu sehen</u>, die an Küsten und in klippenreichen Gewässern stehen und bei Nacht und Nebel zur Orientierung der Schiffe ihre Leuchtsignale aussenden. <u>Neben den Lichtsignalen werden heute aber auch Schall- und Funksignale benutzt.</u> Leuchttürme gab es schon im Altertum.

Kostbares Wasser
<u>Auf einfache Weise kann Süßwasser nur aus dem Grundwasser und aus den Flüssen und Seen gewonnen werden.</u> Dieser kostbare Schatz wird allerdings durch giftige Abwässer aus Industrie und Landwirtschaft immer mehr bedroht. <u>Das Trinkwasser für Städte wird daher oft über Hunderte von Kilometern aus weniger belasteten Gebieten herangeschafft.</u>

Wie erkennen Münzautomaten Falschgeld?
<u>Bei jedem Automaten sind Münzprüfer eingebaut</u>, die Knöpfe, ausländisches Geld oder andere runde Plättchen erkennen und aussortieren. Ein Magnet prüft, ob das eingeworfene Geldstück die richtige Legierung (Metallmischung) hat. <u>Dann wird die Münze auf Dicke, Durchmesser und Gewicht überprüft.</u> Wenn alles stimmt, sollte der Automat eigentlich die gewünschte Ware herausrücken.

S. 39–40, Ü 16: **So wird's gemacht:**
1. Das Wasser und der Honig werden in einen kleinen Topf gegeben und die Masse wird bei mittlerer Hitze (Stufe 1½) erhitzt, bis der Honig sich aufgelöst hat.
2. Haferflocken, Weizenflocken, Kokosraspel, Sesamsamen, Dörrobst, Vanille, Zimt und Salz werden in eine große Rührschüssel gefüllt und alle Zutaten werden mit einem Kochlöffel gemischt.

3. Nun werden das Honigwasser und die Eigelbe dazugetan, alles wird noch einmal gut durchgerührt und die Masse wird 10 Minuten quellen gelassen.
4. Die beiden Eiweiße werden mit einem Handrührgerät halb steif geschlagen und werden dann unter die Müslimischung gerührt.
5. Das Backblech wird mit dem Backtrennpapier belegt und die Müslimischung wird darauf gestrichen.
Die Masse wird mit Frischhaltefolie belegt und wird dann mit einer Teigrolle fest auf das Blech gedrückt. Danach wird die Folie entfernt.
6. Das Backblech wird in den Backofen geschoben (Strom: etwa 160 Grad/Gas: Stufe 1–2) und die Müsliriegel werden 20–30 Minuten gebacken.
7. Um viele kleine Stücke zu erhalten, muss der Müsliriegel zerschnitten werden, wenn er noch heiß ist.

S. 42–43, Ü 17: **Warum haben die Menschen zwei Augen?**
Menschen, die auf einem Auge blind sind, können nicht so gut erkennen, welche Dinge hintereinander und welche nebeneinander liegen – dazu braucht man zwei Augen. Man nennt diese Fähigkeit das stereoskopische Sehen. Möglich wird es, weil die beiden Augen nebeneinander liegen, sodass jedes Auge sein eigenes Bild aufnimmt, und zwar aus einem winzig kleinen anderen Winkel. Was das linke Auge abbildet, unterscheidet sich also ein wenig von dem, was das rechte Auge wahrnimmt. Im Gehirn werden die beiden Bilder dann zusammengemischt. Das Hirn errechnet aus ihnen ein gemeinsames Bild von dem, was wir sehen. Und nun passiert das Verblüffende: Wir sehen die Welt nicht flach wie auf einem Foto, sondern räumlich.

Woher wissen wir, aus welcher Richtung ein Geräusch kommt?
Mit unseren beiden Ohren können wir die Richtung erkennen, aus der ein Klang oder ein Geräusch kommt; und dazu brauchen wir tatsächlich beide Ohren. Ein Ton entsteht, wenn irgendwo die Luft zum Schwingen gebracht wird: etwa durch ein Musikinstrument oder durch den Zusammenprall von Gegenständen oder dadurch, dass jemand spricht oder ruft. Der Schall breitet sich in der Luft aus und trifft auf die Ohren. Die beiden Ohren nehmen den Schall getrennt auf. Wenn der Schall von der Seite, zum Beispiel von links, kommt, trifft er zuerst auf das linke Ohr und Sekundenbruchteile später auf das rechte Ohr. Das Gehörorgan in jedem Ohr leitet die Information über die Nerven sofort an das Gehirn weiter. Dort kommt das Signal zu verschiedenen Zeiten an. Das Gehirn erkennt diese winzigen Unterschiede und errechnet daraus automatisch, aus welcher Richtung der Schall kommt. Mit nur einem Ohr können wir zwar ein Geräusch wahrnehmen, wissen dann aber nicht, aus welcher Richtung es kommt.

S. 43 und 44, **Wenn ich der König von Deutschland wäre**
Ü 18 und 19: Als König hätte ich viele Aufgaben. Mein Volk dürfte alles machen, nur keine Verbrechen verüben. Mein Königreich müsste die beste Fußballmannschaft der Welt haben. In meinem Königreich gäbe es keine

armen Leute und keine Arbeitslosen und alle Menschen bekämen genug zu essen. Alle Deutschen besäßen in vielen Ländern Freunde. Wenn ich der König von Deutschland wäre, dann wäre vieles anders.

Konjunktiv II	Präteritum Indikativ
hätte	hatte
dürfte machen	durfte machen
dürfte verüben	durfte verüben
müsste haben	musste haben
gäbe	gab
bekämen	bekamen
besäßen	besaßen
wäre	war

S. 44, Ü 20:
- Ich hatte im Spiel das Tor getroffen. ☐
- Wir hatten das Spiel gewonnen. ☐
- Wenn ich getroffen hätte, hätten wir das Spiel gewonnen. ☒
- Ich hatte genug Zeit, genau zu zielen. ☐
- Ich hätte genug Zeit gehabt, genau zu zielen. ☒
- Wenn ich mutiger gewesen wäre, hätte ich sofort geschossen. ☒
- Ich war mutig. ☐
- Ich hatte sofort geschossen. ☐

S. 44, Ü 21:
Indikativ Präteritum ☒
Indikativ Perfekt ☐
Indikativ Plusquamperfekt ☒

S. 45, Ü 22:

Person/Numerus von *fahren*	Indikativ Präsens	Indikativ Präteritum	Konjunktiv II
1. Singular	*ich fahre*	ich fuhr	ich führe
2. Singular	du fährst	*du fuhrst*	du führest
3. Singular	*er fährt*	er fuhr	*er führe*
1. Plural	wir fahren	wir fuhren	*wir führen*
2. Plural	ihr fahrt	*ihr fuhrt*	*ihr führet*
3. Plural	*sie fahren*	*sie fuhren*	sie führen

S. 45, Ü 23: Wenn ich einen Führerschein hätte, **führe** ich mit dem Auto zur Schule. Wenn du wüsstest, wie gefährlich es ist, **führest** du nicht ohne deinen Fahrradhelm. Sie **führe** schneller, wenn sie ein Rennrad hätte. Wenn es eine passende Verbindung gäbe, **führen** wir mit der Eisenbahn. Es wäre besser, ihr **führet** mit dem Fahrrad statt mit dem Bus. Sie **führen** gern mit dem Fahrrad, wenn sie mehr Zeit hätten.

Zu den Seiten 46–49

S. 46, Ü 24:

Person/Numerus von *bringen*	Indikativ Präsens	Indikativ Präteritum	Konjunktiv II
1. Singular	ich bringe	*ich brachte*	ich brächte
2. Singular	du bringst	du brachtest	du brächtest
3. Singular	*er bringt*	er brachte	*er brächte*
1. Plural	*wir bringen*	wir brachten	*wir brächten*
2. Plural	ihr bringt	*ihr brachtet*	*ihr brächtet*
3. Plural	*sie bringen*	*sie brachten*	sie brächten

Person/Numerus von *dürfen*	Indikativ Präsens	Indikativ Präteritum	Konjunktiv II
1. Singular	ich darf	*ich durfte*	ich dürfte
2. Singular	*du darfst*	du durftest	*du dürftest*
3. Singular	*er darf*	er durfte	*er dürfte*
1. Plural	wir dürfen	*wir durften*	*wir dürften*
2. Plural	ihr dürft	*ihr durftet*	*ihr dürftet*
3. Plural	*sie dürfen*	*sie durften*	sie dürften

S. 46–47, Ü 25:
- Schriebe ich doch nur gute Zensuren.
- Wäre ich doch etwas fleißiger.
- Könnte ich doch ein Musikinstrument spielen.
- Bekäme ich doch einen neuen Computer.
- Gewänne ich doch den ersten Preis.
- Müsste ich doch keine Hausaufgaben machen.
- Dürfte ich doch Mittelstürmer spielen.
- Äße ich doch nicht mehr so viele Süßigkeiten.

S. 48–49, Ü 26: Wenn alle Wünsche wahr würden …,
- führen alle Menschen mit dem Fahrrad statt mit dem Auto.
- hätten alle Menschen genug zu essen.
- gewänne meine Mannschaft die Meisterschaft.
- schösse ich in jedem Spiel ein Tor.
- wäre ich 15 cm größer.
- schrieben wir keine Klassenarbeiten.
- schiene im Sommer noch mehr die Sonne.
- gelänge mir jeder Zaubertrick.

Zu den Seiten 49–51

S. 49, Ü 27: Ulla Hahn
Bildlich gesprochen

Wär' ich ein Baum ich wüchse
dir in die hohle Hand
und wärst du das Meer ich baute
dir weiße Burgen aus Sand.

Wärst du eine Blume ich grübe
dich mit allen Wurzeln aus
wär' ich ein Feuer ich legte
in sanfte Asche dein Haus.

Wär' ich eine Nixe ich saugte
dich auf den Grund hinab
und wärst du ein Stern ich knallte
dich vom Himmel ab.

S. 50–51, Ü 28: **Ein betagtes Auto**
Der Kunde kommt in die Werkstatt und will sein schon etwas betagtes Auto abholen. Er fragt den Meister: „Haben Sie sich den Wagen gründlich angesehen?"
„Hab ich", antwortet dieser, „an dem Karren gibt es nur ein Stück, das kein Geräusch macht – und das ist die Hupe." D

Gute Nachricht?
Besorgt kommt Franz in die Autowerkstatt und fragt den Meister, was sein Auto mache. Daraufhin sagt der Meister, dass er zwei Nachrichten habe. Die gute Nachricht sei: Sonnenblende und Außenspiegel seien in Ordnung … I

Alte Familie
Ein überheblicher Mann sagt seinem Tischnachbarn, er könne seinen Stammbaum bis zu Kaiser Barbarossa zurückverfolgen. Außerdem fragt er ihn, wie alt denn seine Familie sei. Das könne er nicht sagen, entgegnet der Tischnachbar, die Unterlagen seien bei der Sintflut verloren gegangen. I

Besetzt
Willi besucht während des Urlaubs ein Museum. Um sich ein wenig auszuruhen, setzt er sich auf einen prunkvollen Stuhl. Sofort kommt der Museumswärter angelaufen: „Stehen Sie sofort auf. Das ist der Stuhl von Napoleon Bonaparte höchstpersönlich!" „Immer mit der Ruhe", entgegnet Willi, „wenn er kommt, stehe ich natürlich sofort auf." D

Ein morsender Vogel
Eine Frau fragt in der Zoohandlung, ob sie einen Papagei haben könne, sie wolle nämlich einen sprechenden Vogel verschenken. Die Verkäuferin entgegnet, einen Papagei habe sie nicht im Moment zu verkaufen, aber dafür einen Specht, der könne hervorragend morsen. I

Zu den Seiten 50–54

Gut gerechnet
Der Museumsführer erklärt, die Vase sei über 2000 Jahre alt. Das könne aber nicht sein, sagt daraufhin Herr Müller, es sei doch jetzt erst das Jahr 1988. ☐

S. 52, Ü 29: **Ein Poker-Hund**
Herr Weiler sitzt mit seinem Hund am Tisch und spielt Poker mit ihm. „Das <u>ist</u> ja toll", meint sein Freund. „So toll <u>ist</u> es auch nicht", sagt Herr Weiler. „Er <u>kann</u> sich nämlich nicht <u>beherrschen</u>. Immer wenn er ein gutes Blatt <u>hat</u>, <u>wedelt</u> er mit dem Schwanz."
Herr Weiler sitzt mit seinem Hund am Tisch und spielt Poker mit ihm. Das <u>sei</u> ja toll, meint sein Freund. So toll <u>sei</u> es auch nicht, sagt Herr Weiler. Er <u>könne</u> sich nämlich nicht <u>beherrschen</u>. Immer wenn er ein gutes Blatt <u>habe</u>, <u>wedele</u> er mit dem Schwanz.

S. 52, Ü 30:

Indikativform der wörtlichen Rede	Konjunktiv I der indirekten Rede
ist	sei
kann beherrschen	könne beherrschen
hat	habe
wedelt	wedele

S. 52–53, Ü 31: **Schulschlaf**
Eine Kuriosität meldet die Polizei aus Flensburg: Ein Lehrer ist in der Schule eingeschlafen. <u>Laut Polizeibericht habe sich der Mann am Ende der Weihnachtsferien in die Schule begeben, um sich für den Unterricht zu Schulanfang vorzubereiten. Dabei sei er eingeschlafen. Der Hausmeister, der von der Anwesenheit des Lehrers nichts gewusst habe, habe die Tür verschlossen und die Alarmanlage eingestellt. Als der Lehrer zwei Stunden später aufgewacht sei, habe er durch seine Bewegungen den Alarm ausgelöst.</u> Die sofort herbeigeeilte Polizeistreife konnte den Vorfall dann klären.

S. 53–54, Ü 32: **Kniffelei**
Die Oma erzählt ihrer Enkelin: „Der liebe Gott hat alles geschaffen auf Erden, die Pflanzen, die Tiere, die Menschen." Verwundert fragt die Kleine: „Hat Gott auch die Flöhe geschaffen?" Die Oma antwortet: „Ja, Gott hat auch die Flöhe geschaffen." Die Enkelin sagt darauf ganz erstaunt: „Das muss ja eine ganz schöne Kniffelei gewesen sein."

Zeitverlust
Die Oma fragt ihren Enkel: „Wie ist es denn in der Schule?" Murmelt der Kleine: „Es geht so. Man verliert halt so viel Zeit dadurch."

Fortschrittlich
Zwei Hühner gehen zu Ostern durch die Stadt und sehen in den Schaufenstern bunte Ostereier. Schüttelt das eine Huhn den Kopf und sagt: „In der Stadt sind die Hühner ja doch fortschrittlicher."

Zu den Seiten 54–56

S. 54–56, Ü 33: **Kussabmagerungskur**

Abnehmen durch Küsse <u>ist</u> die angenehmste Art, überflüssige Pfunde loszuwerden. Ohne schweißtreibendes Training und kilometerlanges Jogging <u>verliert</u> man auf diese Weise Gewicht, denn ein Kuss <u>verbraucht</u>, je nach Intensität, zwischen 45 und 75 Joule.

Kussabmagerungskur

In einem Ratgeber für Übergewichtige <u>wird behauptet</u>, Abnehmen durch Küsse <u>sei</u> die angenehmste Art, überflüssige Pfunde loszuwerden. Ohne schweißtreibendes Training und kilometerlanges Jogging <u>verliere</u> man auf diese Weise Gewicht, denn ein Kuss <u>verbrauche</u>, je nach Intensität, zwischen 45 und 75 Joule.

Schlafnotwendigkeit

20 bis 30 Tage ohne Essen <u>kann</u> ein Mensch im Notfall <u>auskommen</u>, aber nur maximal sechs Tage ohne Schlaf. Bereits nach 48 Stunden <u>produziert</u> das Gehirn eine Substanz, durch die der Mensch höchst seltsame, ja verrückte Dinge <u>sieht</u> und <u>hört</u>. Erst nachdem er wieder ausreichend Schlaf <u>gehabt hat</u>, <u>sind</u> die „Hirngespinste" wieder <u>verschwunden</u>.

Schlafnotwendigkeit

Ich <u>habe</u> in einer Wissenschaftssendung im Fernsehen <u>gehört</u>, 20 bis 30 Tage ohne Essen <u>könne</u> ein Mensch im Notfall <u>auskommen</u>, aber nur maximal sechs Tage ohne Schlaf. Bereits nach 48 schlaflosen Stunden <u>produziere</u> das Gehirn eine Substanz, durch die der Mensch höchst seltsame, ja verrückte Dinge <u>sehe</u> und <u>höre</u>. Erst nachdem er wieder ausreichend Schlaf <u>gehabt habe</u>, <u>seien</u> die „Hirngespinste" wieder <u>verschwunden</u>.

Die Taiga

Das größte zusammenhängende Waldgebiet der Welt <u>ist</u> die Taiga. Das Gebiet, das 30 Prozent aller Waldvorkommen <u>umfasst</u>, <u>ist</u> 950 Kilometer breit und <u>reicht</u> vom Nordwesten Russlands bis hin zum Stillen Ozean. Die riesige Fläche in Sibirien <u>ist</u> teilweise so stark <u>versumpft</u>, dass ein Mensch sie kaum <u>durchdringen kann</u>.

Die Taiga

In meinem Erdkunde <u>steht</u>, das größte zusammenhängende Waldgebiet der Welt <u>sei</u> die Taiga. Das Gebiet, das 30 Prozent aller Waldvorkommen <u>umfasse</u>, <u>sei</u> 950 Kilometer breit und <u>reiche</u> vom Nordwesten Russlands bis hin zum Stillen Ozean. Die riesige Fläche in Sibirien <u>sei</u> teilweise so stark <u>versumpft</u>, dass ein Mensch sie kaum <u>durchdringen könne</u>.

S. 56, Ü 34:

Indikativ	Konjunktiv I
verliert	verliere
verbraucht	verbrauche
kann auskommen	könne auskommen
produziert	produziere
sieht	sehe
hört	höre
gehabt hat	gehabt habe
sind verschwunden	seien verschwunden
umfasst	umfasse

Zu den Seiten 56–58

reicht
ist versumpft
durchdringen kann

reiche
sei versumpft
durchdringen könne

S. 57–58, Ü 35:

Verb	3. Person Singular Präsens Indikativ	3. Person Singular Präsens Konjunktiv I
gehen	er geht	er gehe
laufen	er läuft	er laufe
rufen	er ruft	er rufe
schneiden	er schneidet	er schneide
essen	er isst	er esse
spielen	er spielt	er spiele
kommen	er kommt	er komme
tanzen	er tanzt	er tanze
pfeifen	er pfeift	er pfeife
stoßen	er stößt	er stoße
turnen	er turnt	er turne
haben	er hat	er habe
sein	er ist	er sei

Verb	2. Person Singular Präsens Indikativ	2. Person Singular Präsens Konjunktiv I
trinken	du trinkst	du trinkest
singen	du singst	du singest
spielen	du spielst	du spielest
wandern	du wanderst	du wandertest
denken	du denkst	du denkest
laufen	du läufst	du laufest
tauchen	du tauchst	du tauchest
sein	du bist	du seiest

Verb	2. Person Plural Präsens Indikativ	2. Person Plural Präsens Konjunktiv I
rasen	ihr rast	ihr raset
schimpfen	ihr schimpft	ihr schimpfet
legen	ihr legt	ihr leget

Zu den Seiten 57–61

Verb	2. Person Plural Präsens Indikativ	2. Person Plural Präsens Konjunktiv I
kränken	ihr kränkt	*ihr kränket*
loben	*ihr lobt*	*ihr lobet*
sinken	*ihr sinkt*	*ihr sinket*
sein	*ihr seid*	ihr seiet

S. 58–59, Ü 36: **Brückenrekorde**

In einem Buch steht, die längste Brücke der Welt **sei** 120 km lang. Die Brücke, die von Florida hin zu den Key-West-Inseln **führe**, **sei** zwar zusammenhängend, aber sie **mache** an vereinzelten Inseln Zwischenstation. In Amerika **finde** man auch die breiteste Brücke der Welt. Es **handele** sich um die Grawfort-Brücke auf Rhode-Island. Sie **habe** eine Breite von 349 Metern.

S. 59, Ü 37:

Verb	Indikativ Präsens	Konjunktiv I Präsens
lesen	(ich lese)	(ich lese)
	du liest	du lesest
	er, sie oder es liest	er, sie oder es lese
	(wir lesen)	(wir lesen)
	ihr lest	ihr leset
	(sie lesen)	(sie lesen)

S. 60–61, Ü 38:

Indikativ Präsens	Konjunktiv II als Ersatzform für den Konjunktiv I
ich trinke	*ich tränke*
ich bitte	*ich bäte*
ich schweige	*ich schwiege*
ich fange	*ich finge*
ich greife	*ich griffe*
ich schreie	*ich schriee*
ich halte	*ich hielte*
wir kommen	*wir kämen*
wir nehmen	*wir nähmen*

Zu den Seiten 60–64

Indikativ Präsens	Konjunktiv II als Ersatzform für den Konjunktiv I
wir tragen	*wir trügen*
wir essen	*wir äßen*
wir singen	*wir sängen*
wir schieben	*wir schöben*
sie sehen	*sie sähen*
sie treffen	*sie träfen*
sie waschen	*sie wüschen*
sie wachsen	*sie wüchsen*
sie wiegen	*sie wögen*
sie messen	*sie mäßen*
sie geben	*sie gäben*
sie finden	*sie fänden*
sie sprechen	*sie sprächen*
sie graben	*sie grüben*
sie klingen	*sie klängen*

S. 62–63, Ü 39:
- Max sagt, morgen werde er einen neuen Ball mitbringen. N
- Freya behauptet, gestern habe es in ihrem Dorf geschneit. V
- Marius glaubt, Bayern München werde Deutscher Meister. N
- Steffi sagt, sie habe zwei Stunden für die Hausaufgaben gebraucht. V
- Felix meint, er passe gut auf im Unterricht. G
- Mareike sagt, sie habe gestern den Krimi gesehen. V
- Janina sagt, sie räume gerade ihr Zimmer auf. G
- Steffen erzählt, er habe in der Nacht schlecht geschlafen. V
- Philip sagt, er werde heute für die Klassenarbeit üben. N
- Lisa erzählt, sie sei schneller als Tobias gelaufen. V

S. 63–64, Ü 40:
- Franziska glaubt, *Maike habe den Vorlesewettbewerb gewonnen.*
- Frank erzählt, *Daniel habe seinen Ärger hinausgeschrien.*
- Marielle berichtete, *Franziska habe den Schiedsrichter gelobt.*
- Die Mutter erzählt, *Frank sei nach draußen gegangen, nachdem er gegessen habe.*
- Niclas erzählte, *Marcel habe seine Hausaufgaben erledigt.*
- Benjamin erzählt, *zum Aufwärmen sei der Läufer drei Runden um den Platz gerannt.*
- Der Trainer sagte, *Victoria sei schnell geschwommen.*

Zu den Seiten 64–66

S. 64, Ü 41:

Indikativ	Konjunktiv I	Konjunktiv II als Ersatzform
ich habe	*ich habe*	ich hätte
du hast	*du habest*	–
er, sie oder es hat	*er, sie oder es habe*	–
wir haben	wir haben	*wir hätten*
ihr habt	*ihr habet*	–
sie haben	*sie haben*	sie hätten

S. 64–65, Ü 42: **Katzenliebe**

In meinem Buch über Katzen steht, im alten Ägypten habe es Pyramiden für Katzen **gegeben**. Denn die Katze **sei** dort – ebenso wie Hunde – ein heiliges Tier gewesen. Wenn die Katze eines wohlhabenden Ägypters **gestorben sei**, **habe** man sie **einbalsamiert** und sie in einer kleinen Trauerfeier **beigesetzt**. Als Zeichen ihrer Trauer **hätten** sich die Menschen dann die Augenbrauen **abrasiert**. Eine Katze zu töten **habe** als besonders schlimmes Verbrechen **gegolten**. Beim Brand eines Hauses **hätten** die Menschen zuerst die Katzen **gerettet**. Dann erst **hätten** sie mit den Löscharbeiten **begonnen**.

S. 66, Ü 43:

Indikativ	Konjunktiv I	Ersatzform
ich werde schwimmen	*ich werde schwimmen*	ich würde schwimmen
du wirst schwimmen	*du werdest schwimmen*	–
er, sie oder es wird schwimmen	*er, sie oder es werde schwimmen*	–
wir werden schwimmen	wir werden schwimmen	*wir würden schwimmen*
ihr werdet schwimmen	*ihr werdet schwimmen*	ihr würdet schwimmen
sie werden schwimmen	*sie werden schwimmen*	*sie würden schwimmen*

S. 66, Ü 44: **Urlaubswünsche**

Alina sagt, unser gemeinsamer Urlaub werde bestimmt schön. Wir würden morgens lange schlafen. Dann werde schon das Frühstück auf uns warten. Den ganzen Tag werde die Sonne scheinen und wir würden am Strand liegen. Alle Menschen um uns herum würden gute Laune haben. Schade nur, dass die schöne Zeit so schnell vorübergehen werde.

Übungen für alle Gelegenheiten – Wortarten

S. 68–69, Ü 1:

Nomen	Verben	Pronomen
Werkzeuge	bauen	unsere
Geräte	erschienen	sie
Funde	diente	diesen

Artikel	Adjektive	Präpositionen
die	primitivsten	auf
	ältesten	mit
	brauchbare	vor
		seit
		beim

Zahlwörter	Adverbien
vier	erstmals
	bereits
	dort

S. 69, Ü 2:

Liebe?
Sie flüstert im Kino: „Liebling, sitzt **du** bequem?"
„Ja."
„Hast **du** genügend Platz für **deine** Beine?"
„Ja."
„Stört **dich** die Dame mit dem großen Hut nicht?"
„Nein."
„Hast **du** einen Sitz mit zwei Armlehnen?"
„Ja."
„Gut, dann lass **uns** doch **unsere** Plätze tauschen."

S. 70, Ü 3:

Artikel	Nomen	Adjektiv	Verb
die	Kinder	begeisterten	besuchen
den	Eltern	stimmungsvollen	stattfindet
dem	Weihnachtsmarkt	kalt	ist
ein	Marktplatz	scharfer	bläst
	Wind	warme	tragen
	Kleidung		

Adverb	Präposition	Konjunktion	Pronomen
heute	mit	weil	ihren
draußen	auf	und	der
			es
			sie

Zu den Seiten 71–73

S. 71, Ü 4:

Präsens	
aufheben kann	
Präteritum	**Plusquamperfekt**
drückte	hatte genuckelt
handelte	hatte verschluckt
kam	
wurde aktiviert	
konnte starten	
Perfekt	**Futur**
hat gestartet	wird wiederfinden

S. 71–72, Ü 5: **Wie viele Sinne hat der Mensch?**

Früher <u>unterschied</u> man fünf Sinne [...]. Damit <u>meinte</u> man den Gesichtssinn (Sehsinn), den Gehörsinn, den Tastsinn, den Geruchssinn und den Geschmackssinn. Heute <u>nennt</u> man den Tastsinn „Drucksinn". Das <u>ist</u> auch logisch, denn eigentlich <u>nehmen</u> wir ja nicht das Tasten <u>wahr</u>, sondern den Druck, der auf unserer tastenden Hand <u>liegt</u>.
Darüber hinaus <u>gibt</u> es aber noch folgende vier Sinne: den Schmerzsinn, den Kälte- und Wärmesinn, den Gleichgewichtssinn, der uns <u>sagt</u>, ob wir <u>stehen</u> oder <u>liegen</u> und wo oben und unten <u>ist</u>, sowie den Muskelsinn. Der Muskelsinn <u>zeigt</u> uns <u>an</u>, ob wir einen Muskel <u>angespannt haben</u> oder <u>entspannt haben</u>.

Präsens	Präteritum	Perfekt
nennt	unterschied	angespannt haben
ist	meinte	entspannt haben
nehmen wahr		
liegt		
gibt		
sagt		
stehen		
liegen		
ist		
zeigt an		

S. 72–73, Ü 6:
- Ebbe und Flut werden durch die Anziehungskraft des Mondes verursacht. **[X]**
- In manchen Nächten spendet der Vollmond viel Licht. ☐
- Das Licht der Sonne wird von der Mondoberfläche reflektiert. **[X]**
- Ein Regenbogen entsteht durch Sonnenlicht und Regen. ☐
- Das Licht der Sonne wird von den Wassertropfen in seine bunten Bestandteile aufgeteilt. **[X]**
- Auch nachts kann ein Regenbogen entstehen – bei Vollmond. ☐
- Das Mondlicht wird wie das Sonnenlicht in seine vielfarbigen Bestandteile aufgespalten. **[X]**

Zu den Seiten 73–75

S. 73, Ü 7:
- Eine Schere besteht aus zwei Messerklingen, <u>die miteinander verbunden sind</u>.
- <u>Wenn ein aufgeblasener Luftballon losgelassen wird</u>, zischt er los.
- <u>Die ersten Verkehrsampeln wurden 1868 in London aufgestellt</u> und bestanden aus einer roten und einer grünen Gaslaterne.
- Um von Grün auf Rot zu schalten, <u>wurde ein Hebel an der Ampel betätigt</u>.
- <u>Etwa 250 Briefträger werden in Österreich jedes Jahr von Hunden gebissen</u>, wenn sie die Post austragen.
- Als im Jahre 79 n. Chr. der Vulkan Vesuv in Süditalien ausbrach, <u>wurde die Stadt Pompeji vollkommen zerstört</u>.
- <u>Ehe das Geld als Zahlungsmittel bekannt wurde</u>, war der Tauschhandel die einzig bekannte Form des Warengeschäfts.
- <u>Angeblich wurden früher die Rheinschiffer von dem wunderschönen Gesang der Loreley abgelenkt</u> und steuerten ihr Schiff gegen die Felsen.
- Mit dem Bau des Kölner Doms begann man 1248, <u>doch erst im Jahr 1880 wurde er fertiggestellt</u>.
- Schiffe, <u>auf denen Autos transportiert werden können</u>, nennt man Fähren.

S. 74, Ü 8:

Aktiv	Passiv
Meike tröstet Janine.	*Janine wird von Meike getröstet.*
Der Lehrer tadelt den Schüler.	Der Schüler wird von dem Lehrer getadelt.
Die Feuerwehrleute löschen das Feuer.	Das Feuer wird von den Feuerwehrleuten gelöscht.
Der Schiedsrichter sagt das Spiel ab.	*Das Spiel wird von dem Schiedsrichter abgesagt.*
Der Uhrmacher repariert die Uhr.	*Die Uhr wird von dem Uhrmacher repariert.*
Anna streichelt die Ziege.	*Die Ziege wird von Anna gestreichelt.*
Maik zieht die Schrauben an.	*Die Schrauben werden von Maik angezogen.*

S. 75, Ü 9:

Aktiv	Tempus	Passiv
Der Klempner repariert den tropfenden Wasserhahn.	*Präsens*	*Der tropfende Wasserhahn wird vom Klempner repariert.*
Die Klasse wird Janine wieder zur Klassensprecherin wählen.	*Futur I*	*Janine wird von der Klasse wieder zur Klassensprecherin gewählt werden.*

Zu den Seiten 75–78

Aktiv	Tempus	Passiv
Der TÜV untersuchte gestern das Auto.	*Präteritum*	Das Auto wurde gestern vom TÜV untersucht.
Der Hausmeister schließt die Schule am Nachmittag ab.	*Präsens*	*Die Schule wird am Nachmittag vom Hausmeister abgeschlossen.*

S. 76, Ü 10: **Begabte Tiere**
Ihre Tante sei eine Künstlerin, schneidet Gabi bei ihrer Freundin auf. Sie trete mit einem Hund und einer Katze auf, und beide könnten sie reden. Da sei doch ein Trick bei, überlegt ihre Freundin. Gabi guckt sie an und meint, ihr könne sie es ja sagen. Die Katze könne gar nicht sprechen, sondern der Hund sei Bauchredner.

„Meine Tante ist eine Künstlerin", schneidet Gabi bei ihrer Freundin auf. „Sie tritt mit einem Hund und einer Katze auf, und beide können sie reden." „Da ist doch ein Trick bei", überlegt ihre Freundin. Gabi guckt sie an und meint: „Dir kann ich es ja sagen. Die Katze kann gar nicht sprechen, sondern der Hund ist Bauchredner."

Irrtum
Er habe die schwere Operation ausgezeichnet überstanden, sagt der Arzt zu dem Patienten, als dieser aus der Narkose erwacht. Dies freue ihn, seufzt der Patient, aber eigentlich sei er nur gekommen um die Fenster zu putzen.

„Sie haben die schwere Operation ausgezeichnet überstanden", sagt der Arzt zu dem Patienten, als dieser aus der Narkose erwacht. „Das freut mich", seufzt der Patient, „aber eigentlich bin ich nur gekommen, um die Fenster zu putzen."

S. 77, Ü 11: Der Fußballstar sagte nach der Niederlage, erst habe er kein Glück gehabt und dann sei noch Pech hinzugekommen.

Der Comic-Held Hägar meint, es gebe zwei unumstößliche Wahrheiten. Jungen seien klüger als Mädchen und die Erde sei eine Scheibe.

Der Lügenbaron von Münchhausen hat behauptet, er habe einem jungen Hirschen einen Kirschkern in den Kopf geschossen. Jahre später habe er den Hirschen wiedergesehen. Statt eines Geweihs habe er einen kleinen Kirschbaum getragen.

S. 78, Ü 12: **Geschickter Angler**
Ich habe in einem Buch gelesen, der Jaguar **benutze** seinen eigenen Schwanz als Angel. Er **gehe** dabei sehr schlau **vor**. Er **hänge** einfach seinen 45 bis 75 Zentimeter langen Schwanz ins Wasser und **warte**. Genau in dem Moment, in dem ein Fisch **komme** und nach dem Schwanz **beiße**, **ziehe** der Jaguar ihn blitzschnell **ein** und die Beute **hänge** an der „Angel".

Zu den Seiten 78–80

Kurzschläfer
Ich habe in einem Buch gelesen, das Okapi **schlafe** nur 30 Sekunden lang. Seine Tiefschlafphasen – Zeiträume, in denen es keine Wahrnehmung **habe** – **dauerten** tatsächlich nur eine halbe Minute lang. In einer Nacht **habe** die Unterart der Giraffen, die im zentralafrikanischen Urwald **lebe**, etwa zehn solcher kurzen Schlafphasen.

S. 79–80, Ü 13: **Rache des Elefanten**
Einen erdrückenden Beweis seines Zornes <u>hat</u> ein indischer Elefant seinem vierrädrigen Peiniger <u>geliefert</u>: Als ihn nahe der zentralindischen Stadt Indore ein PKW <u>anfuhr</u> und am rechten Hinterbein <u>verletzte</u>, <u>setzte</u> sich der tonnenschwere Dickhäuter kurz entschlossen auf die Kühlerhaube. Dabei <u>beschädigte</u> er das Auto sehr stark. Die Feuerwehr <u>musste</u> die Insassen aus dem Inneren des Wagens <u>befreien</u>.

Ich habe in der Zeitung gelesen, einen erdrückenden Beweis seines Zornes **habe** ein indischer Elefant seinem vierrädrigem Peiniger **geliefert**: Als ihn nahe der zentralindischen Stadt Indore ein PKW **angefahren** und am rechten Hinterbein **verletzt habe**, **habe** sich der tonnenschwere Dickhäuter kurz entschlossen auf die Kühlerhaube **gesetzt**. Dabei **habe** er das Auto sehr stark **beschädigt**. Die Feuerwehr **habe** die Insassen aus dem Inneren des Wagens **befreien müssen**.

Schläfrige Aktion
Im Schlaf <u>ist</u> ein 14-jähriges Mädchen, das seit seinem zweiten Lebensjahr an Somnambulismus (Schlafwandeln) <u>leidet</u>, nachts mit dem Wagen seines Vaters <u>verunglückt</u>. Ohne dass die Eltern es <u>merkten</u>, <u>war</u> das Kind in der Nacht <u>aufgestanden</u>, <u>hatte</u> sich den Autoschlüssel <u>genommen</u> und <u>war</u> mit dem Wagen <u>losgefahren</u>. Zum Glück <u>hat</u> das Mädchen sich nicht <u>verletzt</u>.

Ich habe in der Zeitung gelesen, ein 14-jähriges Mädchen, das seit seinem zweiten Lebensjahr an Somnambulismus (Schlafwandeln) **leide**, **sei** nachts mit dem Wagen seines Vaters **verunglückt**. Ohne dass die Eltern es **gemerkt hätten**, **sei** das Kind in der Nacht **aufgestanden**, **habe** sich den Autoschlüssel **genommen** und **sei** mit dem Wagen **losgefahren**. Zum Glück **habe** das Mädchen sich nicht **verletzt**.

Banküberfall mit Wasserpistole
Mit vorgehaltener Wasserpistole <u>hat</u> ein Gangster eine Bankfiliale in der elsässischen Stadt Straßburg <u>überfallen</u>. Er <u>ließ</u> sich etwa 8 000 bis 10 000 Euro <u>aushändigen</u>, <u>bespritzte</u> das Personal sowie einige in der Schusslinie stehende Kunden und <u>entkam</u> unbehelligt auf seinem Fahrrad.

Ich habe in der Zeitung gelesen, ein Gangster **habe** mit vorgehaltener Wasserpistole eine Bankfiliale in der elsässischen Stadt Straßburg **überfallen**. Er **habe** sich etwa 8 000 bis 10 000 Euro **aushändigen lassen**, **habe** das Personal sowie einige in der Schusslinie stehende Kunden **bespritzt** und **sei** unbehelligt auf seinem Fahrrad **entkommen**.

Zu den Seiten 81–84

S. 81, Ü 14: Bertolt Brecht
Der Rauch

Das kleine Haus unter Bäumen am See
Vom Dach steigt Rauch
<u>Fehlte</u> er
Wie trostlos dann <u>wären</u>
Haus, Bäume und See.

S. 81–82, Ü 15: **Was wäre, wenn …?**
- Wenn es keine Autos mehr gäbe, müssten wir viele Strecken zu Fuß gehen.
- Wenn es keine Bäume mehr gäbe, hätten wir nicht genug Sauerstoff zum Atmen.
- Wenn es keine Schule mehr gäbe, könnten wir auch nichts lernen.
- Wenn es keine Häuser mehr gäbe, müssten wir in Zelten leben.
- Wenn es keine Mützen mehr gäbe, hätten wir im Winter kalte Ohren.
- Wenn es das Wörtchen wenn nicht mehr gäbe, dann wäre ich Millionär.

Der Satz und seine Glieder
Satzglieder und Satzgliedteile

S. 84, Ü 1:
- <u>Die Erde</u> ist mit einer Ozonschicht umgeben.
- <u>Ozon</u> ist eine besonders energiereiche Sauerstoffart.
- <u>Diese Ozonschicht</u> filtert beinahe die gesamte ultraviolette Sonnenstrahlung heraus.
- 1982 entdeckten <u>Wissenschaftler</u> zum ersten Mal, dass sich <u>diese lebenswichtige Ozonschicht</u> bedenklich verkleinert hatte.
- <u>Dieser Prozess</u> schreitet bis zum heutigen Tag fort.
- Dafür verantwortlich sind vor allem <u>Kühlmittel und Abgase</u>.
- <u>Sie</u> steigen in die Ozonschicht auf und zerstören diese.
- Seit Jahren bemühen sich <u>die Industriestaaten</u> mit unterschiedlicher Intensität darum, die Produktion dieser Schadstoffe einzuschränken.

S. 84, Ü 2:
- Wenn <u>die Temperaturen</u> unter 0 Grad Celsius sinken, entsteht <u>der sogenannte Reif</u>.
- Sobald <u>die Straßen</u> damit bedeckt sind, müssen <u>Autofahrer</u> besonders gut aufpassen.
- <u>Reif</u> spiegelt sich bei Licht auf der Straße, da <u>er</u> aus feinen Eiskristallen besteht.
- <u>Stromleitungen</u> können sich gelegentlich so dick mit Reif überziehen, dass <u>die Masten</u> unter dem Gewicht zusammenbrechen.
- Während <u>die Autofahrer</u> den Reif fürchten, schätzen ihn <u>die Fotografen</u> ganz besonders.
- Wenn <u>die Sonne</u> auf mit Reif bedeckte Landschaften scheint, entstehen <u>interessante Fotomotive</u>.

Zu den Seiten 85–86

S. 85, Ü 3:   **Abendrot**
Das Licht der Sonne besteht wie jedes Licht aus verschiedenen Farben. Diese Farben kannst du z.B. bei einem Regenbogen beobachten. Wenn die Sonne nun abends und morgens nicht von oben, sondern von der Seite scheint, dann muss das Licht erst den dichteren Dunst in der Atmosphäre, welche als Hülle die Erde umgibt, durchdringen, bevor es unser Auge erreicht. Im Dunst werden dem Licht die blauen Anteile entzogen, oder genauer gesagt, sie werden gestreut. Als Folge daraus überwiegen für unser Auge die roten Anteile des Sonnenlichts. Wir sehen das Abendrot. Anderseits sind die blauen gestreuten Anteile des Lichts verantwortlich für die Himmelsfarbe.

Luftspiegelung
Wenn sich tief am Boden eine Luftschicht sehr erhitzt und darüber scharf abgegrenzt eine kühlere Luftschicht liegt, so wirkt die heiße Luftschicht wie ein Spiegel. Man kann das sehr oft im Sommer auf der Autobahn beobachten; dann spiegeln sich, allerdings recht flimmernd, die vorausfahrenden Wagen scheinbar auf der Fahrbahn. Sehr häufig ist die Erscheinung in der Wüste, wenn sich der Sand am Boden stark erhitzt hat. Die Spiegelung des Himmels täuscht dann oft eine Wasserfläche vor, die ganz in der Nähe zu liegen scheint. Weit entfernte Häuser oder Bäume erscheinen dadurch ebenfalls plötzlich näher gerückt. Die sogenannte Fata Morgana ist auch eine solche Luftspiegelung.

S. 85–86, Ü 4:   **Welchem Vogel verdanken wir die Eichen- und Buchenwälder?**
Dem Eichelhäher. Der Vogel frisst nicht nur die Samen dieser Bäume, nämlich Eicheln und Bucheckern. Er vergräbt auch Massen davon in der Erde. Damit pflanzt er ganze Wälder an.

Warum haben die Afrikanischen Elefanten größere Ohren als die Indischen?
Die Afrikanischen Elefanten leben meist in Steppengebieten mit wenigen Bäumen. Sie sind der prallen Sonne ausgesetzt. Die riesigen Ohren dienen als Kühler, sie strahlen Körperwärme ab. Die Indischen Elefanten brauchen keine so großen Ohren, denn ihre Urheimat sind schattige Wälder.

Was fressen Eichhörnchen am liebsten?
Eichhörnchen fressen am liebsten Samen aus den Tannenzapfen. Pro Tag kann ein Eichhörnchen mehr als 100 Tannenzapfen ausrauben; es frisst die kleinen Samen, die unter den Schuppen des Zapfens verborgen sind. Eichhörnchen mögen auch Nüsse sehr gern, rauben aber auch Vogelnester aus und fressen die Eier. In Europa gibt es zwei Arten von Eichhörnchen: das Rote Eichhörnchen und das Grauhörnchen, das aus Amerika stammt.

Warum können Nilpferde so gut schwimmen?
Nilpferde und ihre Verwandten, die Zwergflusspferde, verbringen den größten Teil ihres Lebens im Wasser. Sie können beim Tauchen ihre Nasen verschließen. Zwischen den Zehen haben sie Schwimmhäute,

mit deren Hilfe sie im Wasser schnell <u>vorankommen</u>. Nilpferde <u>sind</u> unbehaart. Ihre empfindliche Haut <u>schützen</u> sie mit einem öligen Sekret, das von Hautdrüsen <u>ausgeschieden wird</u>. Diese „Creme" <u>hat</u> eine rötliche Farbe. Früher <u>dachte</u> man, Nilpferde <u>würden</u> Blut <u>schwitzen</u>, und <u>stellte</u> die Tiere in Zoos als „blutige Monster" <u>aus</u>.

S. 87, Ü 5: **Wie gefährlich *sind* Meteoriten für Menschen?**
Die Erde *wird* Jahr für Jahr um etwa 10000 Tonnen schwerer. Dieser Gewichtszuwachs *stammt* von Meteoriten, die auf die Erde *stürzen*.
Die meisten dieser kleinen Himmelskörper *verglühen* zwar als Sternschnuppen. Doch ein Teil ihrer Masse *regnet* als Staub auf die Erde *nieder*. Auch größere Teile *fallen* immer wieder auf die Erdoberfläche. Für einen Menschen *ist* die Gefahr, von einem Meteoriten getroffen zu werden, äußerst gering. Im Durchschnitt alle 17 Jahre *wird* irgendwo auf der Welt ein Mensch von einem Teilchen *getroffen*. Der gefährlichste derartige Unfall ereignete sich im Jahr 1954 in Amerika. Damals *schlug* ein vier Kilogramm schwerer Brocken in ein Hausdach.

S. 88–89, Ü 6: Vitus B. Dröscher
Ein „Babyfresser" als treuer Familienvater

Dat.-Obj.
Vor Entsetzen stockte <u>mir</u> das Blut in den Adern. Seit den frühen Morgenstunden folgten wir im Jeep <u>einer Tigermutter namens „Noon"</u>, die
Dat.-Obj.

Akk.-Obj.
<u>ihre beiden erst vier Monate alten Kinder</u> auf den ersten Entdeckungsausflügen begleitete. Da trat plötzlich ein riesiger männlicher Königstiger aus einem Dschungeldickicht heraus und trabte schnurstracks auf die Mutter-Kinder-Gruppe zu.

Akk.-Obj.
Bisher waren sich alle Tiger-Experten einig: Tigermänner töten <u>Tigerkinder</u>, wo immer sie <u>diese</u> treffen. Würden wir gleich <u>ein schauriges</u>
Akk.-Obj.
<u>Kapitel von Kinderkannibalismus</u> erleben?

Als das fast 3,5 Meter lange und 275 Kilogramm schwere Männchen bis auf dreißig Meter herangekommen war, hopsten die beiden Kleinen hoch erfreut auf den Ankömmling zu. Einer sprang <u>ihm</u> auf den
Dat.-Obj.
Rücken und leckte <u>ihm</u> quer durchs Gesicht. Der andere erjagte <u>den</u>
Akk.-Obj.
<u>Schwanz</u> als „Beute". Sogleich warf sich der Tiger auf den Rücken und schon war die schönste Katzenbalgerei und Schmuserei im Gange.

Nicht die Spur von einem Kindermord!

Zu den Seiten 89–91

S. 89, Ü 7: **Polarfauna**

In den Kältewüsten der Arktis und der Antarktis können lediglich solche Tiere leben, die sich (dem Klima, ~~der Sonne, dem Menschen~~) [Dat.-Obj.] besonders gut angepasst haben. So haben manche Fische (~~Flossen~~, keine roten Blutkörperchen, ~~keine Schwimmbrillen~~) [Akk.-Obj.], wodurch ihr Blut dünnflüssiger und der Blutkreislauf schneller wird. Andere Tiere, besonders Wale, haben sich (~~eine Höhle, nichts~~, eine überdimensionale Größe) [Akk.-Obj.] zugelegt. Die tonnenschwere, oft 50 Zentimeter dicke Fettschicht um ihren Körper ist ein Schutzmittel gegen die Kälte und ein guter Nahrungs- und Energiespeicher. Der Eisbär erhält sich (seine Körpertemperatur, ~~sein Aussehen, seine Schönheit~~) [Akk.-Obj.] durch ein dichtes Fell und die Kaiserpinguine durch ein wasserabstoßendes Fett-Federn-Kleid. Wird es (~~ihren Weibchen~~, ihnen, ~~den Eskimos~~) [Dat.-Obj.] in der Sonne darin zu warm, so fressen sie (~~Wüste~~, Schnee, ~~Fische~~) [Akk.-Obj.], um (~~ihre Ohren, den Mond~~, sich) [Akk.-Obj.] etwas abzukühlen.

S. 90, Ü 8:
1. sich bedanken für
2. sich erinnern an
3. hoffen auf
4. sich aufregen über
5. sich kümmern um
6. sprechen über
7. fragen nach
8. sich fürchten vor

S. 91, Ü 9:
1. Anke bedankt sich <u>für das Geschenk</u>.
2. Erinnerst du mich <u>an den Termin</u>?
3. Markus hofft <u>auf eine gute Arbeit</u>.
4. Jule regt sich <u>über das schlechte Wetter</u> auf.
5. Kümmerst du dich <u>um die Angelegenheit</u>?
6. Heute sprechen wir <u>über ein Gedicht von Bertolt Brecht</u>.
7. Der Tourist fragt <u>nach dem Weg</u>.
8. Wer fürchtet sich <u>vor Spinnen</u>?

S. 91, Ü 10:
1. Nach der Stunde möchte ich gern noch <u>mit dir</u> sprechen.
2. Möchtest du <u>an dem Wettkampf</u> teilnehmen?
3. Ich freue mich immer wieder <u>über deine guten Noten</u>.
4. Hast du dich gut <u>auf die Prüfung</u> vorbereitet?

Zu den Seiten 91–96

5. Lass uns noch einmal <u>über das Problem</u> sprechen.
6. Kannst du noch eine Minute <u>auf mich</u> warten?
7. Ich interessiere mich <u>für das Bild</u>.
8. Warum hast du bereits <u>mit dem Essen</u> angefangen?
9. Wann beginnst du <u>mit der Arbeit</u>?
10. Hast du dich bereits <u>an die neue Umgebung</u> gewöhnt?

S. 93–94, Ü 11:
1. in einem Gartenteich = adverbiale Bestimmung des Ortes
2. am Freitagnachmittag = adverbiale Bestimmung der Zeit
3. gestern = adverbiale Bestimmung der Zeit
4. zuvor = adverbiale Bestimmung der Zeit
5. in einem Kaufhaus = adverbiale Bestimmung des Ortes
6. dort = adverbiale Bestimmung des Ortes
7. rabiat = adverbiale Bestimmung der Art und Weise
8. gegen einen Anzugständer = adverbiale Bestimmung des Ortes
9. in die Goethestraße = adverbiale Bestimmung des Ortes
10. in einem Vorgarten = adverbiale Bestimmung des Ortes
11. kopfüber = adverbiale Bestimmung der Art und Weise
12. ins Wasser = adverbiale Bestimmung des Ortes
13. mit bloßen Händen = adverbiale Bestimmung des Mittels
14. bis zum Eintreffen der Polizei = adverbiale Bestimmung der Zeit

S. 94–95, Ü 12:

Bauchredner
„Was macht denn Ihr Sohn, Frau Müller?" „Es geht ihm <u>gut</u> (1), er ist Bauchredner und verkauft <u>in einem Zoogeschäft</u> (3) Papageien."

Trauer
Zwei Regenwurmfrauen treffen sich <u>im Garten</u> (3): „Wo ist denn Ihr Mann?", fragt die eine. <u>Darauf</u> (2) entgegnet <u>schluchzend</u> (1) die andere: „Beim Angeln."

Missverständnis
Herr Müller verliert <u>in Paris</u> (3) seine Brieftasche <u>auf einer Straße</u> (3). Er meldet den Verlust <u>sofort</u> (2) <u>auf dem nächsten Polizeirevier</u> (3) und fährt <u>dann</u> (2) <u>mit dem Auto</u> (3) <u>nach Hause</u> (3).
Als er <u>nach Wochen</u> (3) <u>wieder</u> (2) <u>nach Paris</u> (3) kommt, sieht er <u>in der Straße, in der er seine Brieftasche verloren hat,</u> (3) eine riesige Baustelle.
<u>Erstaunt</u> (1) meint er zu sich selbst: „Na, das wäre aber nicht nötig gewesen!"

S. 96, Ü 13:
- ein <u>himmlisches</u> Wetter (1)
- die <u>Katze</u> <u>mit dem Samtfell</u> (3)
- das <u>Fahrrad, das unserem Nachbarn gehört</u>, ... (5)
- die <u>Haustür</u> <u>mit der Metallklinke</u> (3)
- <u>Jonas, mein Freund</u>, ... (4)
- die <u>schwarzen</u> Schuhe <u>meines Vaters</u> (1) (2)

S. 96, Ü 14:
- Heute war wieder ein himmlisches Wetter.
- Die Katze mit dem Samtfell hat eine Maus gefangen.

Zu den Seiten 96–100

- Das Fahrrad, das unserem Nachbarn gehört, war sehr teuer.
- Siehst du dort die Haustür mit der Metallklinke?
- Jonas, mein Freund, kommt am Wochenende zu Besuch.
- Die schwarzen Schuhe meines Vaters sehen sehr altmodisch aus.

S. 96–97, **Wasserkuppe**
Ü 15 und Ü 16: Stelle ein Schnapsglas, das knapp bis zum Rand mit Wasser gefüllt ist (5), auf den Tisch und lege eine dünne (1) Korkscheibe an den Rand des Wassers (2). Wie lässt sich der Korken, ohne dass man ihn berührt, genau auf die Mitte des Glases (2) befördern?
Gieße mithilfe eines Röhrchens tropfenweise Wasser auf das Glas, bis sich auf ihm ein Wasserberg bildet. Anfangs hält die Schwerkraft den Korken am Rand der leicht gewölbten Oberfläche (2). Gießt du mehr nach, wird die Adhäsion, die Anziehungskraft zwischen den Molekülen des Wassers und des Korkens (4), stärker wirksam, und er wird regelrecht auf die Kuppe des Berges (2) hinaufgezogen.

S. 97, Ü 17 **Zu verkaufen**
und Ü 18: Verkaufe neuwertiges, blaues Tourenrad der Marke „Sprinter".
Zubehör: schwarze Fahrradtasche. Preis: 180 €

S. 97–98, Ü 19: **Treibstoff-Seife**
Spalte ein Zündholz am *hinteren* Ende leicht auf und drücke etwas *weiche* Seife in den Schlitz. Legst du das Holz in einen Teller *mit Leitungswasser*, bewegt es sich eine ganze Weile rasch vorwärts. In einer Badewanne können *mehrere* Hölzchen sogar ein Wettrennen machen.
Die *sich allmählich auflösende* Seife zerstört die Oberflächenspannung *des Wassers* nach und nach. Es kommt zu einer Bewegung der Flüssigkeitsmoleküle nach hinten, die als Gegenwirkung ein Vorschnellen *des Hölzchens* zur Folge hat. Mit einem Tropfen Spülmittel anstelle der Seife würde die Bewegung blitzartig erfolgen.

Satzreihe und Satzgefüge

S. 99–100, Ü 1: Dieses sind Möglichkeiten, die Sätze zu verbinden:
- Draußen regnet es, drinnen ist es gemütlich warm.
- Im Herbst ziehen viele Vögel nach Süden, im Frühjahr kehren sie zurück.
- Ayse hat einen Schnupfen. Trotzdem geht sie zum Schwimmtraining.
- Martin kann leider nicht kommen, denn er muss seinem Vater beim Hausputz helfen.
- Jonas und Maja sind befreundet. Deshalb unternehmen sie vieles gemeinsam.
- Möchtest du noch etwas Quark oder bist du schon satt?

Zu den Seiten 100–104

S. 100, Ü 2:
- Mareike liest in der Zeitung und Pauline kümmert sich um das Abendessen.
- Unser Hund bellt sehr oft, aber er hat noch niemanden gebissen.
- Karla hat Ärger mit ihren Eltern, denn sie telefoniert den ganzen Tag mit ihrer Freundin.

S. 101, Ü 3:
- Jonas geht regelmäßig zum Judotraining, **das** in der Turnhalle seiner Schule stattfindet.
- Er trainiert einmal pro Woche, **damit** er an Wettkämpfen erfolgreich teilnehmen kann.
- Jede Übungsstunde beginnt mit einer Aufwärmung, **weil** sich die Sportler ansonsten verletzten könnten.
- Jonas trägt im Moment den Titel eines Kreismeisters, **weil** er das letzte Turnier gewonnen hat.
- Er blieb in vier von fünf Kämpfen Sieger, **obwohl** er noch relativ klein und leicht ist.
- In einem Jahr wird sich Jonas zur Blaugurt-Prüfung anmelden, **weil** er dann das geforderte Alter erreicht hat.
- Er ist sich allerdings noch nicht sicher, **wann** die Prüfung genau stattfinden wird.
- Der sportbegeisterte Junge weiß allerdings schon heute, **dass** er daran teilnehmen wird.

S. 102–103, Ü 4: Die Welt der Bücher

Bücher waren vor Jahrhunderten so teuer, dass nur sehr reiche Menschen sie sich leisten konnten. (2) Ein Buch, das künstlerisch gestaltet war, hatte den Wert einer Kutsche. (3) Es gab jedoch auch Bücher, die entschieden mehr wert waren. (2) Bevor Johannes Gutenberg den Buchdruck mit beweglichen Lettern erfand, wurden Bücher mit der Hand von Mönchen abgeschrieben. (1) Wenn mehrere Bücher gleichzeitig vervielfältigt werden sollten, diktierte ein Mönch den Text. (1) Dieser Mönch, der auch Diktator genannt wurde, saß oder stand an einem Pult. (3)
Die Schreibweise der Wörter war natürlich ganz unterschiedlich, da es noch keine einheitliche Rechtschreibung gab. (2) So kam es, dass viele Bücher trotz des gleichen Inhalts ganz unterschiedlich geschrieben waren. (2)
Der Einband dieser Bücher, der aus Holz oder Leder bestand, wurde eigens von Handwerkern hergestellt. (3)
Weil es keine Schulen gab, konnten nur wenige gebildete Menschen zu dieser Zeit lesen. (1) Zudem wollten es viele Fürsten nicht, dass ihre Untertanen lesen lernten. (2) Sie befürchteten nämlich, dass sie auf diesem Weg ihre Macht verlieren würden. (2) Auch in den Klöstern hatten nicht alle Mönche Zutritt zu den Bibliotheken, die vielfach sehr prunkvoll ausgestattet waren. (2)

S. 104, Ü 5:
- Ein Reagenzglas ist ein hohes, schmales Gefäß, das man zum Beispiel benötigt, wenn man kleine Flüssigkeitsmengen mischen will.
- Am besten lernt man, wenn man im Unterricht selbst herausfinden kann, wie ein Problem zu lösen ist.

Zu den Seiten 104–108

- Schülerinnen und Schüler, die im Chemieunterricht mit gefährlichen Flüssigkeiten experimentieren, müssen natürlich Schutzbrillen tragen, weil die Sicherheitsvorkehrungen dieses verlangen und weil sie sich ansonsten verletzen könnten.
- Manchmal geht ein Experiment auch daneben, obwohl die Lehrkraft, die gerade unterrichtet, den Versuch sorgfältig aufgebaut hat.
- Weil Schülerinnen und Schüler gern schadenfroh sind, amüsieren sie sich zuweilen darüber, dass etwas nicht klappt.
- Lehrer und Lehrerinnen, die Humor haben, machen sich nichts daraus, wenn ihre Schüler über sie schmunzeln oder lachen.

S. 104–105, Ü 6:
- Meike hat im Physikunterricht gelernt, dass sich Stoffe ausdehnen, wenn sie erhitzt werden.
- Eine Brücke, die eine große Spannweite hat, erhält deshalb sogenannte Dehnungsfugen, die verhindern, dass bei Temperaturschwankungen Risse entstehen.
- Obwohl es kaum vorstellbar ist, dehnt sich eine massive Betonbrücke um mehrere Zentimeter, wenn sie von der Sonne beschienen wird.
- Falls du einmal in einer warmen Holzhütte übernachtest, wirst du es auch erleben, dass sich das Holz bei Kälte in der Nacht zusammenzieht und knarrt.
- Durch einfache Experimente kann man herausfinden, dass sich nicht alle Stoffe in gleicher Weise ausdehnen, wenn sie erwärmt werden.
- Weil sich flüssige und feste Stoffe unterschiedlich ausdehnen, geschieht es, dass eine Flasche mit Sprudel im Eisfach zerplatzt.
- Natürlich ist es ein Gerücht, dass die Weihnachtsferien so kurz sind, weil es im Winter so kalt ist.

S. 105, Ü 7: **Man muss das Kind beim Namen nennen**
Da sich die Eltern eines englischen Mädchens einfach nicht entscheiden konnten, welcher Name wohl der passendste für ihre Tochter sei, gaben sie dem Kind kurzerhand alle Namen, die ihnen gut gefielen.
Da kam einiges zusammen.
Schließlich wurden am Standesamt nicht weniger als 140 Namen für das Mädchen registriert.

S. 105–106, Ü 8: Die Rache der Heringe – Lösungsvorschlag
Ein großer Heringsschwarm, der einem norwegischen Fischerboot ins Netz gegangen war, kämpfte erfolgreich um sein Überleben. Weil die Heringe offensichtlich den Druck und die Enge des Netzes verspürten, tauchten sie unter dem Boot hindurch und versenkten es so. Der Fischer, der das Boot erst wenige Monate zuvor gekauft hatte, konnte sofort aus dem Wasser gezogen werden, da andere Fischerboote sich in unmittelbarer Nähe befanden.

S. 107–108, Ü 9:
- Als der Sänger die Bühne betrat, klatschte das Publikum.
Zeitpunkt

- Sportler wärmen sich gut auf, **damit** sie sich nicht verletzen.
  Zweck
- Meike darf nur zum Konzert, **wenn** sie ihre Hausaufgaben gemacht hat.
  Bedingung
- **Nachdem** wir uns ausgesprochen haben, ist alles geklärt.
  Zeitpunkt
- **Da** Jonas erkrankt ist, muss er leider die Teilnahme am Tennisturnier absagen.
  Begründung
- Ich fahre los, **sobald** du angerufen hast.
  Zeitpunkt
- **Damit** Claudia sich nicht fürchtet, lassen ihre Eltern das Licht brennen.
  Zweck
- Du kannst es schaffen, **wenn** du weiter so fleißig übst.
  Bedingung

S. 108–109, Ü 10:

In der Jugendherberge

Die Klasse 7c besuchte vor einigen Wochen mit ihrem Klassenlehrer, Herrn Berger, eine Jugendherberge im Odenwald. *Bevor* es losgehen konnte, musste sehr viel organisiert werden. Aber schließlich war es so weit und die Klasse kam an der Herberge an. Alle waren begeistert, *weil* die Zimmer so modern eingerichtet waren. Nur Markus hatte einige Probleme. Er kämpfte nämlich eine halbe Stunde mit seinem Bettbezug, *obwohl* ihm seine Mutter genau gezeigt hatte, wie man ein Bett bezieht. *Nachdem* alle ausgepackt hatten, wurde erst einmal gegessen. Danach durften die Schülerinnen und Schüler in Dreiergruppen die Gegend erkunden. Anke, Christoph und Mareike wagten sich sehr weit in den Wald hinein, *sodass* sie beinahe nicht zurückgefunden hätten. Schließlich gelang es ihnen jedoch, *nachdem* sie einen Waldarbeiter nach dem richtigen Weg gefragt hatten.
In der Nacht dauerte es sehr lange, *bis* die meisten eingeschlafen waren. Nur die Jungen aus Zimmer 5 blieben die ganze Nacht über wach und spielten heimlich Karten. Am anderen Tag waren sie so müde, *dass* sie im Museum beinahe eingeschlafen wären. Herr Berger kannte jedoch keine Gnade. Am Abend durften die Jungen sogar noch den Spüldienst übernehmen, *damit* sie ihre Energien austoben könnten, wie Herr Berger meinte.

S. 109–110, Ü 11:

- Nachdem die Pause zu Ende ist, begeben sich alle Schülerinnen und Schüler der 7 c sofort in den Klassenraum.
- Der Klassenlehrerin wollen sie ein Ständchen bringen, weil diese Geburtstag hat.
- Als sich die Tür öffnet, beginnen alle lautstark „Happy birthday" zu singen.
- Es erscheint jedoch der Hausmeister, da er einen Wasserhahn reparieren will.
- Weil er sich so erschrickt, lässt er seine Werkzeugtasche fallen.

Zu den Seiten 111–114

S. 111–112,
Ü 12
- <u>Seit</u> meine Schwester einen Freund hat, ist sie kaum noch zu Hause.
- <u>Als</u> es anfing zu regnen, holten wir unsere Schirme aus der Tasche.
- <u>Bevor</u> es klingelt, dürfen wir den Klassenraum nicht verlassen.
- <u>Nachdem</u> wir gegessen hatten, gingen wir auf unsere Zimmer.
- <u>Während</u> die Jungen schliefen, verknoteten die Mädchen heimlich alle Handtücher.
- <u>Ehe</u> du ins Wasser springst, solltest du kalt duschen.

S. 112–113,
Ü 13:

Gartenzwerge – Ein Fall für die Polizei
Die Polizei im niedersächsischen Landkreis Northeim muss sich erneut mit Gartenzwergen befassen. <u>Nachdem in den vergangenen Jahren immer wieder im großen Stil Wichtel gestohlen wurden</u>, habe diesmal ein unbekannter Täter einen Anschlag auf Gartenzwerge verübt, teilte die Polizei mit. Der Unbekannte habe sieben Zwerge durch Steinwürfe zerstört. <u>Als sich im Sommer 2000 Wichteldiebstähle häuften</u>, hatte die Polizei in Bad Gandersheim eine „Soko Vorgartenkiller" eingerichtet.

Wilde Verfolgungsjagd
Am frühen Dienstagmorgen gegen 3 Uhr fiel einer Polizeistreife der Wache Schloss Neuhaus auf der Bundesstraße 64 ein VW-Golf auf, dessen Fahrer eine unsichere Fahrweise an den Tag (bzw. die Nacht) legte. <u>Als die Beamten ihn anhalten wollten</u>, gab er Gas und raste mit stark überhöhter Geschwindigkeit in Richtung Delbrück. An der Einmündung der Graf-Meerfeldt-Straße bog er nach links in Richtung Anreppen ab. Auf der kurzen Strecke kam der Golf mehrfach von der Fahrbahn ab, <u>ehe der Fahrer in einen Feldweg abbog</u>. An dessen Ende drehte er noch mehrere Runden auf einem Rapsfeld und gab dann auf. Widerstandslos ließ sich der 24-Jährige festnehmen. Er stand Polizeiangaben zufolge unter Alkoholeinfluss, besaß keinen Führerschein und wurde mit Haftbefehl gesucht. <u>Nachdem ihm eine Blutprobe entnommen worden war</u>, landete der Verkehrsrowdy im Polizeigewahrsam, <u>ehe er gestern in eine Justizvollzugsanstalt verlegt wurde</u>.

S. 113–114,
Ü 14:
- Jeder Mensch sollte regelmäßig Sport treiben, *da es gesund ist und Spaß macht.*
- Fahre möglichst oft mit öffentlichen Verkehrsmitteln, *weil es dem Umweltschutz dient.*
- Klaus kommt nicht mit zum Schwimmen, *da er erkältet ist.*
- Der Mond leuchtet in der Nacht, *weil er von der Sonne angestrahlt wird.*
- Die Maus verkriecht sich in ihr Loch, *weil sie sich vor der Katze schützen will.*
- Unsere Lehrerin lobt mich, *da ich eine gute Klassenarbeit geschrieben habe.*
- Am Samstag treffen wir uns bei Jana, *weil sie ihren Geburtstag mit uns feiern möchte.*

Zu den Seiten 114–116

S. 114, Ü 15: **Grasfrösche**
Grasfrösche tragen ihren Namen nicht, <u>weil sie grasgrün sind.</u> Sie gehören zu den Braunfröschen. Sie heißen so, <u>weil sie sich in feuchten Wiesen und Wäldern aufhalten.</u> Einmal im Jahr machen sie sich auf den Weg zu dem Gewässer, aus dem sie gekommen sind. Dieser Weg ist sehr gefährlich, <u>da die Tiere befahrene Straßen überqueren müssen.</u> Deshalb sorgen Tierschützer für Krötenzäune und kleine Tunnel, die die Gefahr verringern. <u>Weil der Lebensraum der Frösche immer stärker eingeengt wird</u>, werden außerdem von Umweltschutzorganisationen Feuchtgebiete angelegt.

S. 114–115, Ü 16: **Der Luchs**
Vor 100 Jahren wurde in der Schweiz und in Deutschland der Luchs ausgerottet, <u>weil man ihn für einen gefährlichen Wilddieb hielt.</u> In Wirklichkeit erbeuten Luchse im Jahr viel weniger Rehe als zum Beispiel Jäger. <u>Da Luchse in unseren Breiten wieder heimisch gemacht werden sollen</u>, haben Umweltschutzorganisationen seit 1970 spezielle Programme dafür entwickelt. In der Schweiz leben inzwischen wieder 120–150 Luchse; aber auch in einigen Regionen Deutschlands sind die Tiere wieder zu finden. Ihre genaue Zahl kennt man nicht, <u>weil Luchse sehr scheu sind und den Kontakt mit Menschen meiden.</u>

Missverständnis
„Der Trainer hat mich gelobt!"
„Warum das denn?"
„Du bist mein bestes Pferd im Stall, <u>weil du immer so viel Mist machst!</u>", hat er gesagt.

Verschluckt
Rita hustet ganz heftig am Mittagstisch, <u>weil sie zu schnell gegessen hat.</u>
„Hast du dich verschluckt, Rita?", fragt die Mutter besorgt.
„Nein, ich bin noch da, Mami!"

S. 116, Ü 17:
- Wenn Wasser auf eine heiße Herdplatte tropft, verdunstet es.
- Falls ein Spieler im Strafraum gefoult wird, erhält er einen Elfmeter zugesprochen.
- Wenn du zu viele Süßigkeiten isst, kannst du Zahnschmerzen bekommen.
- Falls du dich beim Sport nicht richtig aufwärmst, kannst du dir eine Zerrung holen.
- Wenn du täglich eine kleine Rechtschreibübung machst, schreibst du bestimmt bald ein gutes Diktat in der Schule.
- Wenn ich mit dem Fingernagel über die Tafel kratze, bekomme ich eine Gänsehaut.

S. 116, Ü 18:
- Zimmerpflanzen vertrocknen, *wenn man sie nicht regelmäßig gießt.*
- Gehe an einer Ampel nur über die Straße, *wenn sie auf Grün steht.*
- Es kommt sehr schnell zu einem Auffahrunfall, *wenn Autos zu dicht auffahren.*
- Du benötigst auf jeden Fall geeignetes Schuhwerk, *wenn du im Gebirge wandern willst.*

Zu den Seiten 117–121

S. 117, Ü 19: **Kurzsichtig – weitsichtig – durchsichtig**
Kurzsichtige Menschen können gut sehen, <u>wenn sich das Objekt unmittelbar in ihrer Nähe befindet</u>. Weiter entfernt liegende Dinge können sie jedoch nur unscharf erkennen. Bei Weitsichtigen ist es umgekehrt. <u>Falls sie zum Beispiel in der Zeitung lesen wollen</u>, benötigen sie eine Lesebrille. Gegenstände, die weit entfernt sind, können sie dagegen gut erkennen. Beide Gruppen können gar nichts sehen, <u>sofern die Brillengläser nicht durchsichtig sind</u>.

Gibt es Brillen gegen Farbenblindheit?
<u>Wenn jemand von Geburt an farbenblind (farbenfehlsichtig) ist</u>, so kann diese Behinderung nicht geheilt werden. Es gibt auch keine Brillen, die Farbenblindheit ausgleichen. Trotzdem kommen fast alle Farbenblinden im Leben gut zurecht – auch im Straßenverkehr. Die Ampellichter sind stets gleich angeordnet: oben Rot, in der Mitte Gelb und unten Grün. So kann man gut erkennen, welches Licht aufleuchtet, <u>auch wenn man Rot und Grün nicht unterscheiden kann</u>. „Rot" ist einfach „oben". Allerdings gibt es einige Berufe, die Farbenblinde nicht ausüben dürfen. Sie können keine Flugzeugpiloten, Berufskraftfahrer oder Lokomotivführer werden.

S. 118, Ü 20:
- Britta trainiert ganz intensiv für den Wettkampf, *sodass sie bestimmt den ersten Platz belegen wird.*
- Der Fluss war so tief, *dass wir schwimmen mussten.*
- Der Dackel sah so lustig aus, *dass der Junge laut lachen musste.*
- Jules Telefon ist repariert worden, *sodass sie jetzt wieder stundenlang mit ihrem Freund telefonieren kann.*
- Lukas findet das Buch so spannend, *dass er am liebsten gar nicht mit dem Lesen aufhören möchte.*
- Janna ist so erkältet, *dass sie nicht in die Schule gehen kann.*

S. 118–119, Ü 21: **Im Zirkus**
a) Der Akrobat zeigte ein sehr gefährliches Kunststück, sodass die Zuschauer den Atem anhielten.
b) Die Clowns machten lustige Bewegungen, sodass alle laut lachen mussten.
c) Der Bär fuhr gehorsam auf einem Motorrad, sodass er vom Dompteur eine Belohnung bekam.
d) Das Zirkusorchester begann nach der Pause sehr laut mit einem Tusch, sodass sich alle erschraken.
e) Der Affe war offensichtlich sehr müde, sodass er auf seinem Stuhl einschlief.
f) Die Zuschauer waren äußerst begeistert, sodass sie am Schluss stehend applaudierten.

S. 120–121, Ü 22:
- Trage während der Dunkelheit helle Kleidung, damit du im Straßenverkehr besser gesehen wirst.
- Geh auf der linken Straßenseite, damit du der Gefahr ins Auge sehen kannst.

Zu den Seiten 120–125

- Fahre rücksichtsvoll, damit niemand gefährdet wird.
- Trage beim Fahrradfahren immer einen Helm, damit dein Kopf bei einem Sturz geschützt ist.

S. 121, Ü 23:
- Mit welcher Absicht steigt die Eule in die Lüfte?
  Die Eule steigt in die Lüfte, damit sie jeder sehen kann.
- Wozu hält sich der Schäfer einen Hund?
  Der Schäfer hält sich einen Hund, damit die Herde zusammengehalten wird.
- Zu welchem Zweck trugen die Ritter eine Rüstung?
  Die Ritter trugen eine Rüstung, damit sie im Kampf vor Verletzungen geschützt waren.

S. 121–122, Ü 24:
- Mareike beeilt sich, um schneller bei ihrem Freund zu sein.
- Paul macht sich einen Spickzettel, um die Regeln nicht zu vergessen.
- Antonia sattelt ihr Pferd, um ausreiten zu können.
- Aysun wechselt die Rollen ihrer Inliner, um schneller fahren zu können.

S. 122–123, Ü 25:
a) Markus macht eine Party, obwohl er hohes Fieber hat.
b) Markus macht eine Party, obwohl sein Zimmer sehr klein ist.
c) Markus macht eine Party, obwohl sein bester Freund Jonas im Urlaub ist.
d) Markus macht eine Party, obwohl er im Moment nur wenig Geld hat.

S. 123, Ü 26:
- <u>Carla hat einen neuen Computer geschenkt bekommen</u>, obwohl sie ihren alten erst drei Jahre hat, obwohl sie nur selten etwas damit macht und obwohl ihr Bruder viel dringender einen benötigte.
- Obwohl es viel schneller geht, obwohl es bereits sehr viele praktizieren und obwohl es preiswerter ist, <u>schreiben noch immer viele Menschen statt einer Mail einen Brief</u>.

S. 123–124, Ü 27:
Strumpfmaske wurde zum Verhängnis
Ein dreister Dieb überfiel in den Abendstunden des gestrigen Tages die Filiale der Sparkasse im Stadtteil Heide. <u>Obwohl das Videoaufzeichnungsgerät sichtbar eingeschaltet war</u>, stürmte er mit gezogener Waffe den Vorraum der Bank. Maskiert war er mit einer Nylonstrumpfhose, die ihm schließlich zum Verhängnis wurde. Als der Dieb nämlich seine Forderungen stellen wollte, kam nur ein unverständliches Gemurmel heraus. Die Strumpfmaske saß einfach zu stramm. Völlig irritiert verließ er die Bank. Die Fahndung blieb bisher ohne Erfolg, <u>obwohl</u> der Filialleiter sofort die Polizei gerufen hatte.

S. 124–125, Ü 28:
- <u>Gülben irritiert mich immer wieder</u>, <u>indem sie mir starr in die Augen schaut</u>.
- <u>Dadurch</u>, <u>dass Maria regelmäßig trainierte</u>, <u>war sie sehr erfolgreich</u>.
- <u>Der Dieb stieg in die Wohnung ein</u>, <u>indem er ein Fenster aufhebelte</u>.

Zu den Seiten 124–127

- Dadurch, dass wir Müll vermeiden, tragen wir zum Umweltschutz bei.
- Pflanzen wachsen angeblich besser, indem man mit ihnen spricht.
- Man kann Benzin sparen, indem man langsamer fährt.
- Du überzeugst mich auch dadurch nicht, dass du mich immer wieder ansprichst.
- Indem du dich vitaminreich ernährst, schützt du dich im Winter vor einer Erkältung.
- Er entging dadurch einer Strafe, dass er die Wahrheit sagte.

S. 125–126, Ü 29:
b) Indem sie energisch auftrat, verscheuchte die ältere Dame den Dieb.
Dadurch, dass sie energisch auftrat, verscheuchte die ältere Dame den Dieb.

c) Markus hat sich in Mathe deutlich verbessert, indem er regelmäßig geübt hat.
Markus hat sich in Mathe dadurch deutlich verbessert, dass er regelmäßig geübt hat.

d) Indem du dich mit Sonnenmilch eincremst, kannst du dich vor einem Sonnenbrand schützen.
Dadurch, dass du dich mit Sonnenmilch eincremst, kannst du dich vor einem Sonnenbrand schützen.

e) Indem du genau hinschaust, kannst du Falschgeld von echten Geldscheinen unterscheiden.
Dadurch, dass du genau hinschaust, kannst du Falschgeld von echten Geldscheinen unterscheiden.

f) Du kannst dich dadurch prima entspannen, dass du einen Waldlauf machst.
Du kannst dich prima entspannen, indem du einen Waldlauf machst.

S. 126, Ü 30:
Ein nützlicher Trick
Einen fest sitzenden Metalldeckel kannst du von einem Glas lösen, indem du ihn unter heißes Wasser hältst. Das Metall des Deckels dehnt sich dann nämlich aus und dieser lässt sich leichter abschrauben. Fast alle Stoffe dehnen sich dadurch, dass man sie erwärmt, aus.

S. 127, Ü 31:
a) ein überglücklicher Mensch
Er sieht aus, als ob er im Lotto gewonnen hätte.

b) ein schlecht gelaunter Mensch
Er sieht aus, als ob er in eine Zitrone gebissen hätte.

c) eine übertrieben geschminkte Frau
Sie sieht aus, als ob sie in einen Farbeimer gefallen wäre.

d) ein sehr verängstigter Mensch
Er sieht aus, als ob ihm ein Gespenst begegnet wäre.

e) ein entspannt wirkender Mensch
Er sieht aus, als ob er ein halbes Jahr Urlaub gemacht hätte.

Zu den Seiten 128–131

S. 128–129, Ü 32: Dieses sind Formulierungsmöglichkeiten. Du kannst auch andere Ausdrücke einsetzen.

b) Hat dir die Sendung gefallen?
Die Sendung hat mir besser gefallen, als ich es erwartet hatte.
Die Sendung hat mir so gut gefallen, wie ich es erhofft hatte.

c) Kann dein neuer Mitschüler gut Fußball spielen?
Mein neuer Mitschüler kann besser Fußball spielen, als ich es vermutet habe.
Mein neuer Mitschüler kann so gut Fußball spielen, wie ich es gehofft habe.

d) Sind deine Gäste lange geblieben?
Meine Gäste sind länger geblieben, als ich geglaubt hatte.
Meine Gäste sind so lange geblieben, wie ich es mir gewünscht hatte.

e) War dein Computer teuer?
Mein Computer war teurer, als ich geglaubt hatte.
Mein Computer war so teuer, wie ich es erwartet hatte.

S. 130, Ü 33:
- Anstatt dass du dich gesund ernährst, isst du immer nur Süßigkeiten.
- Anke säubert regelmäßig den Hamsterkäfig, während sich ihr Bruder nicht um seine Tiere kümmert.
- Du spielst immer nur mit dem Computer, anstatt dass du auch einmal ein Buch liest.
- Anstatt dass es wie gewöhnlich im Winter friert, zeigt das Thermometer frühlingshafte Temperaturen.
- Astrid bereitet sich sorgfältig auf die Englischarbeit vor, während Maike faul in der Sonne liegt.
- Während es vielen Menschen in der Dritten Welt sehr schlecht geht, leben andere im Überfluss.

S. 130–131, Ü 34:
- Während das Fußballspiel noch lief, verließen bereits einige Zuschauer das Stadion.
  Temporalsatz

- Während Julia eine richtige Fußballfanatikerin ist, hat Jonathan gar kein Interesse an dieser Sportart.
  Adversativsatz

- Die eine Gruppe wollte lieber zur Jugendherberge zurückwandern, während die andere den Gipfel unbedingt noch erklimmen wollte.
  Adversativsatz

- Wir suchten, während es regnete, in einer Hütte Schutz.
  Temporalsatz

S. 131, Ü 35:
- Judith fährt nach dem Training mit dem Fahrrad nach Hause, während Robert lieber den Bus nimmt. Während Judith nach dem Training mit dem Fahrrad nach Hause fährt, nimmt Robert lieber den Bus.

- Ich lese in der Freizeit besonders gern Abenteuerbücher, während sich mein Bruder nur mit dem Computer beschäftigt. Während ich in der Freizeit besonders gern Abenteuerbücher lese, beschäftigt sich mein Bruder nur mit dem Computer.
- Markus fand den Film prima, während Martina dabei eingeschlafen ist. Während Markus den Film prima fand, ist Martina dabei eingeschlafen.

S. 132, Ü 36:
- Wo befindet sich der nächste Taxistand?
  Ich weiß, wo sich der nächste Taxistand befindet.
- Woher kommt dieses Auto?
  Ich weiß nicht, woher dieses Auto kommt.
- Wohin führt dieser Waldweg?
  Ich weiß nicht, wohin dieser Waldweg führt.
- Wo kann man diesen Rock kaufen?
  Ich weiß, wo man diesen Rock kaufen kann.
- Woher kamen plötzlich die vielen Fliegen?
  Ich weiß, woher plötzlich die vielen Fliegen kamen.
- Wo halten sich die meisten Vögel im Winter auf?
  Ich weiß, wo sich die meisten Vögel im Winter aufhalten.

S. 132, Ü 37:

Missverständnis
Der Polizist stoppt den Autofahrer und sagt: „Pusten Sie mal!" „Aber gern. Sie müssen mir nur sagen, wo es denn weh tut!", lallt dieser.

Beim Zahnarzt
Maike hat sich dorthin begeben, wohin sie eigentlich gar nicht gerne geht, zum Zahnarzt. Nach kurzer Untersuchung meint der Arzt: „Deine Zähne sind völlig in Ordnung. Aber das Kaugummi müsste einmal erneuert werden."

Ungleiche Kräfte
Die Ameisen wollten schon immer mal einen Elefanten besiegen. Eines Tages kommt ein Dickhäuter dort vorbei, wo sie ihren Ameisenhaufen kunstvoll aufgeschichtet haben. Sofort stürzen sich alle auf ihn. Der Elefant schüttelt sich einmal und im Nu landen alle dort, von wo sie gekommen sind. Nur eine nicht. Diese klammert sich mit Mühe und Not am Hals des Elefanten fest. Als die anderen Ameisen das sehen, rufen sie: „Würg ihn, Edi, würg ihn!"

Die Entdeckung Amerikas
Der Lehrer sagt im Erdkundeunterricht zu Lukas: „Komm doch einmal zur Landkarte und zeig uns, wo Amerika liegt."
Lukas zeigt mit dem Zeigestock auf den Erdteil.
„Sehr schön. Und wer hat Amerika entdeckt?", wendet er sich an die ganze Klasse.
„Lukas!", schreien alle im Chor.

Zu den Seiten 132–138

Zufall

„Was haben Sie sich eigentlich dabei gedacht", schimpft der Richter, „einfach diese teure Uhr mitgehen zu lassen?"

„Ach, das war so, Herr Richter. Ich ging ganz zufällig dorthin, <u>wo die teuren Schmuckstücke liegen</u>, und sah die Uhr. Da dachte ich mir: „Die Uhr geht, ich gehe, da können wir doch ein Stück zusammen gehen!"

S. 135, Ü 38: Jutta Richter

Liebeslied

|Weil| du mich magst, |Weil| du mich magst,
kann ich fliegen,   bin ich stärker
ohne Angst übers Haus.   als der Löwe im Zoo.
|Weil| du mich magst, |Weil| du mich magst,
lach ich abends   bin ich mutig
die Gespenster aus.   und ich freue mich so.
Ich kriege Herzklopfen,   Ich kriege Herzklopfen,
|wenn| du nach mir fragst, |wenn| du nach mir fragst,
|weil| du mich magst. |weil| du mich magst.

Gliedsatzarten: 1. Kausalsatz 2. Konditionalsatz

S. 135, Ü 39: Die Fortsetzung des Gedichts lautet im Original folgendermaßen:

Weil du mich magst,   Weil du mich magst,
seh ich Sterne   will ich singen:
in der dunkelsten Nacht.   mal ganz leise, mal laut.
Weil du mich magst,   Weil du mich magst,
leb ich gerne   bin ich glücklich,
und ich geb auf mich Acht.   habe Gänsehaut.
Ich kriege Herzklopfen,   Ich kriege Herzklopfen,
wenn du nach mir fragst,   wenn du nach mir fragst,
weil du mich magst.   weil du mich magst.

S. 136, Ü 40: 1. Konditionalsatz   3. Temporalsatz   5. Konditionalsatz
2. Konditionalsatz   4. Konsekutivsatz

S. 136–138, Ü 41:

a) <u>Jule veranstaltet heute Abend eine Party</u>, <u>weil sie Geburtstag hat</u>.
Kausalsatz

b) <u>Ihr Freund Jan wird auch kommen</u>, <u>obwohl er sehr stark erkältet ist und leichtes Fieber hat</u>.
Konzessivsatz

c) <u>Jule freut sich so auf die Party</u>, <u>dass sie bereits am Morgen ganz aufgeregt ist</u>.
Konsekutivsatz

Zu den Seiten 136–138

d) Nachdem sie aufgestanden ist, richtet sie sofort den Partykeller her.
Temporalsatz

e) Dadurch, dass sie alle Möbel an die Seite schiebt, entsteht eine große Fläche zum Tanzen und für Partyspiele.
Modalsatz

f) Falls der Platz für ihre Gäste nicht ausreichen sollte, kann sie auch noch ihr Zimmer zur Verfügung stellen.
Konditionalsatz

g) Ihre Gäste treffen sich am Nachmittag heimlich bei Jan, weil sie sich eine Überraschung ausgedacht haben.
Kausalsatz

h) Die Freundinnen und Freunde wollen sich nämlich so verkleiden, dass Jule sie auf den ersten Blick nicht erkennen kann.
Konsekutivsatz

i) Als sie an der Haustür klingeln, ist das Mädchen völlig überrascht.
Temporalsatz

j) Jan sieht aus, als ob er von einem anderen Stern käme.
Komparativsatz

k) Die Party wird ein voller Erfolg, obwohl es einigen Erwachsenen in der Nachbarschaft zu laut ist und sie sich beschweren.
Konzessivsatz

l) Jule bringt am anderen Tag einen Blumenstrauß vorbei, damit sich die Nachbarn wieder beruhigen.
Finalsatz

m) Während Jules Gäste am Tag nach der Party ausschlafen können, steht das Mädchen früh auf, da der Keller für eine Party ihrer Eltern aufgeräumt werden muss.
Adversativsatz   Kausalsatz

S. 138, Ü 42:   **Wasserorgel**
Fülle ein dünnwandiges Glas zur Hälfte mit Wasser. Tauche deinen Zeigefinger ein und fahre mit ihm langsam auf dem Glasrand entlang, bis ein schwingender Ton entsteht.[1]
Der Versuch glückt nur, wenn der Finger nass ist.[2] Indem er über den Glasrand reibt,[3] versetzt er ihm winzige Stöße. Das Glas beginnt zu vibrieren und der Ton entsteht. Wenn der Finger auch nur ein wenig fettig ist,[4] gleitet er ohne die nötige Reibung über den Glasrand.
Die Tonhöhe richtet sich nach der Wassermenge im Glas. Obwohl die Schwingungen des Glases vornehmlich Schallwellen in der Luft erzeugen,[5] übertragen sie sich auch deutlich sichtbar auf die Wasseroberfläche.

1. Temporalsatz   3. Modalsatz   5. Konzessivsatz
2. Konditionalsatz   4. Konditionalsatz

Zu den Seiten 139–142

S. 139, Ü 43: **Lebende Bilder**
Kopiere die beiden Bilder und schneide sie aus. Klebe nun dort, [wo sich die Markierung befindet][1], Teil eins auf Teil zwei. Rolle das obere Blatt ein, [sodass du es mit einem Bleistift bewegen kannst][2]. Es entsteht der Eindruck, [als ob sich die Figuren bewegten][3].
Die von unserem Auge empfangenen Bildeindrücke fließen im Gehirn ineinander über und schaffen den Eindruck einer Bewegung. Dieser Effekt erscheint hier sehr ruckartig, [weil er nur von zwei Bildern erzeugt wird][4]. [Da es beim normalen Film viel mehr Bilder sind][5], sehen wir dort eine Bewegung glatt und flimmerfrei.

1. Lokalsatz   3. Komparativsatz   5. Kausalsatz
2. Konsekutivsatz   4. Kausalsatz

S. 140, Ü 44:
- Wenn ich schlafe (T), möchte ich nicht gestört werden.
- Ich gehe erst, wenn ich alles geschafft habe (T, K).
- Wir melden uns, wenn wir angekommen sind (T).
- Wenn der Rennfahrer keinen Motorschaden erleidet (K), wird er gewinnen.
- Wenn ich erkältet bin (T, K), trinke ich viel.
- Wenn Janna ihr Fahrrad nicht putzt (K), schimpft ihr Vater.
- Igel müssen besonders vorsichtig sein, wenn sie sich küssen (K).
- Wenn ich groß bin (T), werde ich Lottogewinner oder Deutschlehrer.
- Du darfst nur ins Kino gehen, wenn du deine Hausaufgaben gemacht hast (K).
- Wenn ich nicht weiter weiß (T, K), frage ich immer meine Großmutter.
- Wenn ich die Hausaufgaben fertig habe (T, K), mache ich eine Pause.
- Ich bin oft aufgeregt, wenn ich eine Klassenarbeit schreibe (T, K).

S. 141, Ü 45:
- Mich ärgert, [dass wir uns so selten sehen]. (Wer oder was ärgert mich?)
- [Dass im Winter kaum noch Schnee fällt], ärgert mich.
- Mich ärgert, [dass viele Menschen keine Rücksicht auf Kinder nehmen].
- [Dass manche Mitschüler und Mitschülerinnen unhöflich sind], ärgert mich.
- Mich ärgert, [dass ich meine Uhr verloren habe].

S. 141, Ü 46:
- Schade ist, [dass die Ferien schon vorüber sind].
- [Dass unsere Cafeteria geschlossen ist], ist schade.
- Schade ist, [dass ich wegen meiner Erkältung nicht zu Michaels Party gehen kann].
- [Dass unsere Freundschaft gelitten hat], ist schade.

S. 141–142, Ü 47:
a) Dass du regelmäßig trainiert hast, hat sich wirklich ausgezahlt.
b) Dass so viel Zeit verschwendet wurde, wäre nicht nötig gewesen.
c) Dass du wieder gesund bist, macht mich sehr froh.
d) Dass es in den Ferien so häufig regnet, ärgert uns.
e) Mich beeindruckt ganz besonders, dass du so nervenstark bist.

Zu den Seiten 142–145

S. 142, Ü 48: **Wachstum nach der Ernte**
Ist dir bekannt, <u>dass man einen geernteten Kürbis noch weiter wachsen lassen kann</u>? Du musst in der Nähe des Stiels einen Bindfaden durch den Kürbis ziehen. Besorge dir nun ein Glas Zuckerwasser, stelle es neben den Kürbis und hänge das Ende des Fadens in das Wasser. Der Kürbis nimmt nun das Zuckerwasser als Nährstofflösung auf und wächst noch einige Zeit weiter.
<u>Dass der Kürbis dadurch besonders süß wird</u>, ist allerdings nur ein Gerücht.

S. 143–144, Ü 49:
- Heute glaubt keiner mehr, dass die Erde eine Scheibe ist.
- Manche Erwachsene vergessen, dass sie einmal Kinder waren.
- Der Wetterfrosch vermutet, dass das Wetter sich nicht ändert.
- Mareike hofft, dass ihre Party ein Erfolg wird.
- Die Eule weiß, dass sie die Klügste von allen ist.
- Ich glaube fest daran, dass du den Wettkampf gewinnen wirst.
- Toni wünscht sich zum Geburtstag, dass alle seine Freunde kommen und etwas mitbringen.

S. 144, Ü 50:
a) Ich freue mich darüber, [dass] du so zuverlässig bist.
b) Der Mannschaftsbetreuer lobt ausdrücklich, [dass] Anke fleißig trainiert.
c) Darüber, [dass] es regnet, sind die Spieler nicht gerade begeistert.
d) Die Zuschauer warten gespannt darauf, [dass] das Spiel angepfiffen wird.
e) In der Halbzeitpause kritisiert der Trainer, [dass] die Spieler sich so wenig einsetzen.

S. 144–145, Ü 51: **Wetterzeichen**
Wusstest du, <u>dass die Hühner auf dem Bauernhof verlässliche Wetterpropheten sind</u>? Vor einem kurzen, leichten Regenguss kommen sie rechtzeitig in den Hühnerstall gelaufen oder suchen sich eilig einen anderen geschützten Platz. Bei lang anhaltendem Regen aber bleiben sie draußen im Garten und lassen sich pudelnass regnen.
Es ist fraglich, ob die Hühner die Wetterlage am jeweils herrschenden Luftdruck erkennen können. Sie wissen aber instinktiv, <u>dass ihnen nur ein ergiebiger Dauerregen fette Beute verspricht</u>. Es sind die Regenwürmer, die an die Erdoberfläche kriechen, wenn nämlich das viele Regenwasser ihre Gänge füllt und die Atemluft für sie im Boden zu knapp wird.

Schafe zählen
Ein Arzt rät seinem schlafgestörten Patienten, <u>dass er vor dem Schlafengehen Schafe zählen solle</u>. Als er ihn wieder besucht, erkundigt er sich nach dem Erfolg dieser Methode. „Gestern habe ich bis 203 897 gezählt, Herr Doktor." „Und dann sind Sie eingeschlafen?", will der Arzt wissen. „Nein, danach war es Zeit zum Aufstehen!"

Zu den Seiten 146–149

S. 146, Ü 52:
- Jannis ist froh darüber, einen so zuverlässigen Freund wie Kevin zu haben.
- Die beiden haben beschlossen(,) im Sommer eine Radtour durch Holland zu machen.
- Kevin schlägt vor(,) die verschiedenen Jugendherbergen vorher zu buchen.
- Jannis bittet seinen Vater darum, eine Radwegekarte aus der Stadt mitzubringen.
- Die beiden Jungen hoffen darauf, während der Fahrt viele Jugendliche kennenzulernen.

S. 146–147, Ü 53:

Kleider machen Leute?

Viele Jugendliche sind der Meinung, unbedingt Markenkleidung tragen zu müssen. Dabei vergessen sie jedoch, dass diese sehr teuer und nicht immer qualitativ besonders gut ist. Außerdem verfügt nicht jeder über die nötigen finanziellen Mittel. Ist es da nicht sinnvoll, sich preisbewusst zu verhalten und gelegentlich auf teure Kleidung zu verzichten?

Für einen Jugendlichen bedeutet dieses nicht, auf ein modisches Äußeres zu verzichten. Einige Kaufhausketten haben sich sogar darauf spezialisiert, preiswerte und attraktiv aussehende Bekleidung anzubieten, die nicht zu einer teuren Marke gehört.

Viele Jugendliche verzichten sogar ganz bewusst darauf, überteuerte Markenkleidung zu kaufen. Für sie ist es „cool", einen gerade vorherrschenden Trend bewusst nicht mitzumachen.

S. 148–149 Ü 54 und 55:
- ein sehr gehorsamer Schäferhund

  ein Schäferhund, der sehr gehorsam ist

  Ein Schäferhund, der sehr gehorsam ist, eignet sich grundsätzlich als Blindenhund.

- eine Dame mit einem Regenschirm

  eine Dame, die einen Regenschirm bei sich trug

  Eine Dame, die einen Regenschirm bei sich trug, beobachtete den Banküberfall.

- das Fahrzeug mit dem Kennzeichen PB-Y-1

  das Fahrzeug, das das Kennzeichen PB-Y-1 hat

  Das Fahrzeug, das das Kennzeichen PB-Y-1 hat, versperrt die Ausfahrt.

- ein zu schnelles Auto

  ein Auto, das zu schnell ist

  Ein Auto, das zu schnell ist, gerät sehr leicht ins Schleudern.

- die Katze meiner Freundin

  die Katze, die meiner Freundin gehört

  Die Katze, die meiner Freundin gehört, frisst nur Dosenfutter.

Zu den Seiten 149–152

S. 149–150, Ü 56:
- Ein kleiner, dicker Mann isst eine Riesenbratwurst.
  Ein Mann, der klein und dick ist, isst eine Riesenbratwurst.
- Plötzlich fällt ihm die sehr heiße Wurst aus der Hand.
  Plötzlich fällt ihm die Wurst, die sehr heiß ist, aus der Hand.
- Ein Dackel ohne Halsband schnappt sie sich und rennt fort.
  Ein Dackel, der kein Halsband hat, schnappt sie sich und rennt fort.
- Der Mann jagt den Hund bis zum Gemüseladen an der Friedrichstraße.
  Der Mann jagt den Hund bis zum Gemüseladen, der sich an der Friedrichstraße befindet.
- Schweißgebadet gibt er schließlich die Verfolgung des eindeutig schnelleren Dackels auf.
  Schweißgebadet gibt er schließlich die Verfolgung des Dackels auf, der eindeutig schneller ist.
- Der Gemüsehändler schenkt dem Dicken eine goldgelbe, lecker schmeckende Banane.
  Der Gemüsehändler schenkt dem Dicken eine Banane, die goldgelb ist und lecker schmeckt.

S. 151, Ü 57 und 58:
- Ein russischer Angler wollte vor seinen Freunden mit einem Hecht, den er gerade erst gefangen hatte, angeben.
- Plötzlich biss der Hecht, der offensichtlich noch lebte, dem Mann genau in die Nase.
- Der Mann musste ins Krankenhaus, das sich in unmittelbarer Nähe befand, gebracht werden.
- Dort wurde der Hecht, der sich in der Nase des Mannes festgebissen hatte, operativ entfernt.
- Hechte, die auch in unseren Gewässern verbreitet sind, gehören zu den Raubfischen.

S. 152, Ü 59:
Ein Notfall
Da gab es einiges zu staunen bei der Kölner Polizei, die durch einen Notruf alarmiert worden war. Ein kleines Mädchen, das erst vier Jahre alt war, hatte sich nämlich telefonisch gemeldet. Es beschwerte sich erbost: „Mein Papa gibt mir die Fernbedienung für unseren Fernseher nicht!" Eine Beamtin, die eine besondere pädagogische Ausbildung hatte, beruhigte die Kleine. Der Vater, der schließlich ans Telefon geholt wurde, war vollkommen überrascht. So viel Selbstständigkeit hatte er seiner Tochter nämlich nicht zugetraut.

S. 152, Ü 60:
Delfin rettet Mädchen
Ein siebenjähriges Mädchen, das in eine lebensbedrohliche Situation geraten war, wurde von einem Delfin gerettet. Das Kind und seine italienische Familie kamen dank der Hilfe des Tieres mit dem Schrecken davon.

Zu den Seiten 152–154

Das kleine Mädchen mit dem Namen Maria hatte sich in einem Vergnügungspark zu weit über die Abgrenzung gebeugt, die das Delfinbecken umgab, und war hineingestürzt. Delfin „Bonny", der gerade gefüttert wurde, schwamm herbei und hielt die Kleine über Wasser. Ein Tierpfleger, der in der Nähe stand, sprang in das Becken und rettete das kleine Mädchen, das Gott sei Dank unverletzt blieb und von seinen Eltern in die Arme geschlossen wurde.

S. 153, Ü 61 und 62:
- Die Fernsehserie, bei der ich regelmäßig eingeschlafen bin, wurde abgesetzt.
- Meine Freundin, mit der ich in den Urlaub fahren wollte, hat sich leider das Bein gebrochen.
- Der Nachbarhund, vor dem ich mich als kleines Kind immer gefürchtet habe, ist eigentlich ein ganz liebes Tier.
- Der Schrank, in dem die Geschenke versteckt sind, ist leider verschlossen.
- Der Kamin, aus dem schwarzer Rauch aufsteigt, ist defekt.
- Der Wind hat die Tür, hinter der ich mich versteckt hatte, zugeschlagen.
- Das Turnier, für das ich jeden Tag trainiert habe, wurde leider abgesagt.
- Auch heute habe ich meinen Glücksbringer, ohne den ich keine Klassenarbeit schreibe, bei mir.
- Der Schraubendreher, mit dem ich den Schlauch von der Felge gelöst habe, war zu scharfkantig.
- Die Keksdose, in die ich hineingegriffen habe, war leider leer.

S. 154, Ü 63:

Ein merkwürdiges Vergnügen
In Paris gibt es ein Kino, das sich auf die Vorführung von Horrorfilmen spezialisiert hat. Die letzte Reihe besteht aus Särgen, in denen es sich die Besucher so richtig gemütlich machen können. Unter einigen Bankreihen befinden sich außerdem Totenköpfe aus Plastik, die auf Knopfdruck leuchten und merkwürdige Geräusche von sich geben. (3)

Vom Jumbo in den Jumbo
1981 wurde der größte Bus, der je gebaut wurde, vorgestellt. Es handelt sich um einen Flughafen-Doppelstockbus, der in Stuttgart produziert wurde. Der Riesenbus ist 17 Meter lang, 4,5 Meter breit und 4,8 Meter hoch. Eine hydraulische Spezial-Anlegebrücke hilft beim Ein- und Aussteigen.
Zugelassen ist das technische Wunderwerk für 342 Personen. Das entspricht der Passagierzahl eines voll besetzten Jumbo-Jets. (2)

Ein Muskel, der nicht ermüdet
Der Kiefermuskel, der für die Kieferbewegungen beim Sprechen (und Essen) zuständig ist, ist der ausdauerndste Muskel des menschlichen Körpers. Unter normalen Umständen ermüdet er niemals. Deshalb kann man auch keinen Muskelkater im Kiefer bekommen. (2)

Zu den Seiten 155–157

Übungen für alle Gelegenheiten – Satzlehre

S. 155–156, Ü 1:

Die alten Römer
Unser Wissen über die Römer entnehmen <u>wir</u> den vielen Büchern und Briefen, die erhalten geblieben sind. <u>Die Reste römischer Städte, Dörfer, Festungen oder Schiffe</u> helfen den Archäologen, ein möglichst wahrheitsgetreues Bild vom Leben der alten Römer nachzuzeichnen. Da aus der frühesten römischen Zeit <u>kaum etwas</u> bekannt ist, dachten sich <u>die Römer</u> einfach Geschichten aus, um die Lücken zu schließen. So erklärten <u>sie</u> mit der Legende von Romulus und Remus, wie <u>ihre Stadt</u> entstanden ist. Danach waren <u>die beiden</u> Zwillingssöhne des Kriegsgottes Mars. <u>Sie</u> wurden aber nach der Geburt ausgesetzt und von einer Wölfin gesäugt. <u>Romulus</u> ernannte sich später zum ersten König der Stadt und taufte sie nach seinem Namen Roma.

S. 156, Ü 2:

Tunika und Sandalen
Römische Männer, Frauen und Kinder <u>trugen</u> eine einfache Tunika – mit oder ohne Ärmel – aus Wolle oder Leinen mit einem um die Taille geschlungenen Gürtel. Die Tunika <u>war</u> das einzige Kleidungsstück, das sowohl Arme als auch Reiche <u>trugen</u>. Bei den Männern <u>reichte</u> die Tunika nur bis kurz unter die Knie, die der Frauen <u>war</u> etwas länger.
Für männliche römische Bürger <u>gehörte</u> es <u>sich</u>, in der Öffentlichkeit eine Toga zu tragen. Dies <u>war</u> ein weiter, in Falten um den Körper geschlungener Umhang. Man <u>brauchte</u> viel Zeit oder die Hilfe eines Sklaven, sich die Toga richtig umzulegen. Sklaven und Nicht-Bürger <u>zogen</u> die einfache Tunika <u>an</u>.
Togas in unterschiedlichen Farben <u>wiesen</u> auf das Ansehen ihres Trägers <u>hin</u>. Männer, die zur Wahl <u>standen</u>, <u>trugen</u> eine rein weiße Toga. Daher <u>stammt</u> übrigens das Wort Kandidat, nämlich von dem lateinischen Wort „candidus" = weiß.
Beamte und Söhne reicher Familien <u>waren</u> mit einer weißen, violett umrandeten Toga <u>bekleidet</u>. Die Toga des Kaisers <u>war</u> violett mit einem golden bestickten Rand.
Die Kleidung der Frauen <u>war</u> vielfältig. Manche <u>trugen</u> den griechischen Peplos aus Wolle oder Leinen. Reiche Frauen <u>zogen</u> über ihre Tunika eine Stola (Übertunika) aus chinesischer Seide oder indischer Baumwolle.
Als Schuhwerk <u>diente</u> eine Fülle verschiedener Ledersandalen. Sklaven und Bürger in den warmen Provinzen <u>trugen</u> ganz einfache Sandalen, die der Soldaten <u>waren</u> stabiler mit genagelten Sohlen.

S. 157, Ü 3:

Römische Häuser
Die Häuser der Reichen unterschieden sich beträchtlich von denen der Armen. Um nicht <u>deren Neid</u> zu erwecken, sahen sie von außen recht einfach aus. Deshalb gab es meist <u>nur wenige Fenster</u>. Ganz anders im Innern. Hier umgaben freundliche Innenhöfe und Gärten <u>die Räume</u> und eine Öffnung im Dach ließ <u>viel Licht</u> eindringen.
Wenn die Leute <u>ein römisches Haus</u> betraten, kamen sie zuerst in das Atrium – das war sowohl Eingangshalle als auch Innenhof. Das

Zu den Seiten 157–159

Atrium hatte <u>eine Dachöffnung</u> in der Mitte. Auf dem Boden darunter befand sich ein flaches Becken zum Auffangen des Regenwassers.
Im Speiseraum standen drei Liegen. In Häusern von sehr reichen Bürgern gab es sogar <u>zwei Speisezimmer, eins für den Winter und eins für den Sommer</u>.
Das Empfangszimmer wurde auch als Wohnzimmer und Büro für Gespräche mit Besuchern (Klienten) genutzt. Hier bewahrte man <u>wichtige Papiere und Wertsachen</u> in einem Tresor auf.

S. 157, Ü 4: **Mahlzeit**
<u>Den einfachen Bürgern</u> war es nur möglich, ein Eintopfgericht aus Getreide, Linsen oder Bohnen zu essen. Wohlhabende Römer leisteten <u>sich und ihren Familien</u> natürlich ganz andere Speisen. Einige Lebensmittel stammten von ihren Ländereien, vieles wurde <u>ihnen</u> jedoch auch aus anderen Provinzen gebracht.
Küchen standen nur <u>den reichen Bürgern</u> zur Verfügung. <u>Den armen Leuten</u> wurde wegen der Brandgefahr das Essen in Garküchen gekocht. Dort konnten sie es dann kaufen.

S. 158, Ü 5:
2. oft: adverbiale Bestimmung der Zeit (Temporaladverbiale)
3. im Speisezimmer: adverbiale Bestimmung des Ortes (Lokaladverbiale)
4. daher: adverbiale Bestimmung des Grundes (Kausaladverbiale)
5. gut: adverbiale Bestimmung der Art und Weise (Modaladverbiale)
6. in der Mitte der mittleren Liege: adverbiale Bestimmung des Ortes (Lokaladverbiale)
7. mit den Fingern: adverbiale Bestimmung des Mittels (Instrumentaladverbiale)
8. zwischen den einzelnen Gängen: adverbiale Bestimmung der Zeit (Temporaladverbiale)
9. in Schüsseln: adverbiale Bestimmung des Ortes (Lokaladverbiale)
10. mithilfe von Servietten: adverbiale Bestimmung des Mittels (Instrumentaladverbiale)
11. gern: adverbiale Bestimmung der Art und Weise (Modaladverbiale)
12. in Tonkäfigen: adverbiale Bestimmung des Ortes (Lokaladverbiale)
13. mit Honig und Mohnsamen: adverbiale Bestimmung der Art und Weise (Modaladverbiale) oder des Mittels (Instrumentaladverbiale)

S. 159, Ü 6:
1. benutzten: Prädikat
2. diese römischen Zahlen: Subjekt
3. heute: Temporaladverbiale
4. auf Uhren: Lokaladverbiale
5. einen bestimmten Wert: Akkusativobjekt
6. eine größere Zahl: Akkusativobjekt
7. ihre Stifte aus Schilfrohr oder Messing: Akkusativobjekt
8. kratzten: Prädikat
9. mit einem Stift: Instrumentaladverbiale
10. in das Wachs: Lokaladverbiale

Zu den Seiten 160–162

S. 160, Ü 7:
- Weil es beeindruckend groß und auf besondere Weise gebaut ist, wird das Kolosseum in Rom jährlich von vielen Touristen besucht.
- Nachdem mehrere Jahre gebaut wurde, wurde die Arena im Jahr 80 n. Chr. eröffnet.
- Als man die Eröffnung feierte, wurden bei Kämpfen angeblich 5 000 Tiere getötet.
- Obwohl es so groß war, herrschte im Kolosseum eine gute Akustik.
- Weil die Hitze im Sommer so groß war, wurden überall Sonnensegel gespannt.

S. 161–162, Ü 8:
- Obwohl der Eintritt kaum etwas kostete, konnten sich einige diesen „Luxus" nicht leisten.
  Konzessivsatz
- Nachdem man sich seiner Kleider entledigt hatte, konnte man zwischen mehreren Bädern wählen.
  Temporalsatz
- Falls man sich abhärten wollte, konnte man zum Beispiel das Schwitzbad aufsuchen.
  Konditionalsatz
- Zu den meisten Badeanstalten gehörte auch ein Sportplatz, wo zum Beispiel Ball gespielt werden konnte.
  Lokalsatz
- Wenn sich ein Römer vergnügen wollte, konnte er auch zu einem der bekannten Wagenrennen in den Circus Maximus gehen.
  Temporalsatz oder Konditionalsatz
- Während in den Bädern Männer und Frauen streng voneinander getrennt waren, durften sie bei den Wagenrennen gemeinsam erscheinen.
  Adversativsatz
- In der Regel nahm man erst Platz, nachdem man gewettet hatte.
  Temporalsatz
- Dadurch, dass man beim Wagenrennen dicht nebeneinander saß, konnte man nach Auskunft des Dichters Ovid besonders gut eine Freundin kennenlernen.
  Modalsatz
- Die Wagenlenker – meistens Sklaven – wurden gut bezahlt, damit sie nicht zum gegnerischen Stall überliefen.
  Finalsatz
- Die Geschwindigkeit bei den Rennen war so groß und die Kurven waren so eng, dass es häufig zu tödlichen Stürzen kam.
  Konsekutivsatz

S. 162, Ü 9:
- Dass bei den Wettkämpfen in den Arenen so viele Tiere und Menschen ihr Leben ließen, störte die Römer nicht.
  Objektsatz

Zu den Seiten 162–165

- <u>Es ist bekannt</u>, <u>dass die meisten Gladiatoren Sklaven oder Verbrecher waren</u>.
  Subjektsatz

- <u>Die Kämpfer wussten natürlich</u>, <u>dass ihr Leben in jeder Situation in Gefahr war</u>.
  Objektsatz

- <u>Sie konnten jedoch auch darauf hoffen</u>, <u>dass sie nach erfolgreichem Kampf in die Freiheit entlassen wurden</u>.
  Objektsatz

S. 163–164, Ü 10:
- Die Römer konnten bereits eine Art von Beton herstellen, der vor allem aus Kalk, Kies und Vulkangestein bestand.
- Sie legten ein weit verzweigtes Straßennetz an, das ihnen half ihr Reich zu vergrößern.
- Auf den Straßen konnten sich die römischen Soldaten, die eine schwere Ausrüstung trugen, leicht fortbewegen.
- Die römischen Landgüter, die reichen Bürgern gehörten, waren oft riesengroß.
- Den Hauptanteil der Landarbeit leisteten Sklaven, die in besonderen Unterkünften wohnten.
- Die Sklaven, die zu jeder Zeit beaufsichtigt wurden, mussten sehr schwer arbeiten.
- Im ganzen Römischen Reich wurde mit einheitlichen Münzen, die in besonderer Weise geprägt waren, gezahlt.
- Sie zeigten zum Beispiel den Kaiser, der als fähiger Kriegsherr angesehen werden wollte, vor seinen Truppen stehend.

S. 164–165, Ü 11 und 12:

Tornados

„Ich stand auf dem Feld, <u>als ich ein unheimliches Rauschen hörte</u>, <u>das mehr und mehr anschwoll zu einem ohrenbetäubenden Lärm</u>. Dann sah ich eine seltsame Lufterscheinung. Es war, <u>als rase da eine gigantische Kugel aus Dampf über Berge und Täler dahin</u>.
Ich war wie erstarrt und sah, <u>wie Bäume, Sträucher, Tiere und Häuser hochgewirbelt wurden</u>. Auf einmal änderte der Tornado seine Richtung und kam direkt auf mich zu. Eine ungeheure Kraft packte mich. Ich verlor den Boden unter meinen Füßen und wurde emporgetragen. Ich weiß nicht, <u>wie lange ich dahinflog</u>.
Und dann war es, <u>als ob ich in der Faust eines Riesen langsam zur Erde hinabgesenkt würde</u>. Kurz wurde es schwarz um mich. <u>Als ich wieder aufwachte</u>, lag ich unverletzt auf dem Boden."
Vor mehr als 100 Jahren erzählte William Coote einem Reporter dieses Erlebnis. Er gehörte zu den wenigen Menschen, <u>die ein derartiges Zusammentreffen mit einem Tornado so unbeschadet überstanden haben</u>. Das Bedrohliche am Tornado ist „der Rüssel", <u>der mit einer Geschwindigkeit von bis zu 650 Kilometern in der Stunde alles aufwirbelt und zerstört</u>. Tiere und Menschen werden einfach aufgesogen und durch die Luft geschleudert, <u>wenn sie nicht zuvor geflohen sind</u>. Bäume und

Masten, die sich im Zentrum des Tornados befinden, werden geknickt und Häuser brechen zusammen.

S. 165, Ü 13: **Verwandter aus der Steinzeit**
Der englische Lehrer Adrian Targett hat seltenen Familienzuwachs bekommen. Forscher wiesen mittels Gen-Analyse nach, dass er mit einem Höhlenmenschen aus der Steinzeit verwandt ist. Dessen Skelett wurde in der Nähe des Dorfes, in dem Targett lebt, gefunden. Die Forscher verglichen Genproben aus den Knochen des frühen Höhlenmenschen mit denen von Bewohnern des Dorfes. Bei Targett wurden sie fündig. Nach Ansicht der Forscher ist es „absolut sicher, dass die beiden Männer verwandt sind."

S. 165–166, Ü 14: **Eine Filmbeschreibung**
Der Film „Der mit dem Wolf tanzt", in dem Kevin Costner die Hauptrolle spielt,[1] erzählt die Geschichte eines amerikanischen Mannes, der seine Heimat und seine Liebe in einem fremden Land findet.[2]
Da er seinen außerordentlichen Mut im amerikanischen Bürgerkrieg bewiesen hat,[3] darf sich Lieutnant John J. Dunbar einen Traum erfüllen, den er sein Leben lang gehegt hat.[4] Er möchte nämlich Dienst an der Grenze zum Indianerland leisten, obwohl damit zahlreiche Gefahren verbunden sind,[5] von denen er sich jedoch nicht abhalten lässt.[6]
Durch eine schicksalhafte Kette von Ereignissen gelangt er in ein abgelegenes Fort in der Prärie Dakotas. Sein Pferd und ein neugieriger Wolf sind dabei seine einzigen Gefährten, bis ihn die benachbarten Sioux (Indianerstamm) entdecken.[7]
Dass die Indianer zunächst sehr misstrauisch sind,[8] versteht Dunbar. Als er ihnen jedoch seinen Mut und seine Menschlichkeit beweist,[9] wird er im Stamm akzeptiert, sodass es schließlich zu einer innigen Freundschaft mit den Indianern kommt.[10]
Am Ende fällt er eine Entscheidung, die ihn fast verzweifeln lässt,[11] weil er sich wieder von den Indianern trennen muss.[12] Gelernt hat er jedoch, dass das Bild der Weißen von den Indianern völlig falsch ist.[13]

1. Relativsatz/Attributsatz
2. Relativsatz/Attributsatz
3. Kausalsatz
4. Relativsatz/Attributsatz
5. Konzessivsatz
6. Relativsatz/Attributsatz
7. Temporalsatz
8. Objektsatz
9. Temporalsatz
10. Konsekutivsatz
11. Relativsatz/Attributsatz
12. Kausalsatz
13. Objektsatz